데데킨트가 들려주는
실수 2 이야기

NEW 수학자가 들려주는 수학 이야기 32
데데킨트가 들려주는 실수 2 이야기

ⓒ 오화평, 2009

2판 1쇄 인쇄일 | 2025년 6월 11일
2판 1쇄 발행일 | 2025년 6월 25일

지은이 | 오화평
펴낸이 | 정은영
펴낸곳 | (주)자음과모음

출판등록 | 2001년 11월 28일 제2001-000259호
주소 | 10881 경기도 파주시 회동길 325-20
전화 | 편집부 (02)324-2347, 경영지원부 (02)325-6047
팩스 | 편집부 (02)324-2348, 경영지원부 (02)2648-1311
e-mail | jamoteen@jamobook.com

ISBN 978-89-544-5277-9 44410
    978-89-544-5196-3 (세트)

• 잘못된 책은 교환해 드립니다.

오화평 지음

NEW
수학자가 들려주는
수학 이야기
32

데데킨트가
들려주는
실수 2 이야기

㈜자음과모음

추천사

수학자라는 거인의 어깨 위에서 보다 멀리, 보다 넓게 바라보는 수학의 세계!

수학 교과서는 대개 '결과'로서의 수학을 연역적으로 제시하는 경향이 강하기 때문에 학생들은 수학이 끊임없이 진화해 왔다고 생각하기 어렵습니다. 그렇지만 수학의 역사는 하나의 문제가 등장하고 그에 대해 많은 수학자가 고심하고 이를 해결하는 가운데 새로운 아이디어가 출현해 온 역동적인 과정입니다.

〈NEW 수학자가 들려주는 수학 이야기〉는 수학 주제들의 발생 과정을 수학자들의 목소리를 통해 친근하게 이야기 형식으로 들려주기 때문에 학생들이 수학을 '과거 완료형'이 아닌 '현재 진행형'으로 인식하는 데 도움이 될 것입니다.

학생들이 수학을 어려워하는 요인 중의 하나는 '추상성'이 강한 수학적 사고의 특성과 '구체성'을 선호하는 학생의 사고 사이에 존재하는 간극이며, 이런 간극을 줄이기 위해서 수학의 추상성을 희석시키고 수학 개념과 원리의 설명에 구체성을 부여하는 것이 필요합니다.

〈NEW 수학자가 들려주는 수학 이야기〉는 수학 교과서의 내용을 생동감 있게 재구성함으로써 추상적인 수학을 구체성을 갖는 수학으로 변모시키고 있습니다. 또한 중간중간에 곁들여진 수학자들의 에피소드는 자칫 무료해지기 쉬운 수학 공부에 윤활유 역할을 해 줄 것입니다.

〈NEW 수학자가 들려주는 수학 이야기〉의 구성을 보면 우선 수학자의 업적을 개략적으로 소개하고, 6~9개의 강의를 통해 수학 내적 세계와 외적 세계, 교실 안과 밖을 넘나들며 수학 개념과 원리를 소개한 후 마지막으로 강의에서 다룬 내용을 정리합니다.

이런 책의 흐름을 따라 읽다 보면 각각의 도서가 다루고 있는 주제에 대한 전체적이고 통합적인 이해가 가능하도록 구성되어 있습니다. 〈NEW 수학자가 들려주는 수학 이야기〉는 학교 수학 교과 과정과 긴밀하게 맞물려 있으며, 전체 시리즈를 통해 학교 수학의 많은 내용들을 다룹니다. 따라서 〈NEW 수학자가 들려주는 수학 이야기〉를 학교 수학 공부와 병행하면서 읽는다면 교과서 내용의 소화 흡수를 도울 수 있는 효소 역할을 할 것입니다.

뉴턴이 'On the shoulders of giants'라는 표현을 썼던 것처럼, 수학자라는 거인의 어깨 위에서는 보다 멀리, 넓게 바라볼 수 있습니다. 학생들이 〈NEW 수학자가 들려주는 수학 이야기〉를 읽으면서 각 수학자의 어깨 위에서 보다 수월하게 수학의 세계를 내다보는 기회를 갖기를 바랍니다.

홍익대학교 수학교육과 교수 |《수학 콘서트》저자 박경미

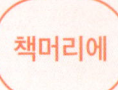 책머리에

세상의 진리를 수학으로 꿰뚫어 보는 맛
그 맛을 경험시켜 주는 '실수 2' 이야기

《데데킨트가 들려주는 실수 1 이야기》이후 1년이라는 시간이 지나《데데킨트가 들려주는 실수 2 이야기》를 마무리했습니다. 그 1년여의 시간 동안 제 삶을 뒤돌아보면 참으로 많은 일이 일어났던 것 같습니다. 중고교 시절 인상 깊게 보았던 만화《아르미안의 네 딸들》표지의 한 구절인 '인생은 예측불허, 그리하여 생은 의미 있는 것'이 저절로 떠오를 정도로 말입니다. 그 구절처럼 저의 앞으로의 인생도 예측하기 힘들겠지만 그리하여 제 인생은 살아갈 의미가 있는 것이기도 하겠지요. 아무쪼록 그 예측불허인 제 인생에서 최선을 다하여 나를 찾고, 행복을 누렸으면 좋겠다는 바람을 품어 봅니다.

《데데킨트가 들려주는 실수 2 이야기》를 준비한 지난 시간도 제게는 최선을 다하여 저를 찾고 행복을 누리는 과정 중 하나였습니다.《실수 1 이야기》가 주로 중학교 수학에 초점이 맞춰진 데 비하여《실수 2 이야기》는 데데킨트 절단과 초월수까지 다루고 있어 중고등학교 수학 그 이상의 영역까지 담고 있는 것이 특징이라고 할 수 있는데요. 전보다 다루고 있는 내용은 더 깊어졌음에도 불구하고 여러분이 책을 이해하는 데 어려움이 없게 복잡한 수식이나 불필요하고 난해한 내용은 최대한 줄이고 이해를 도울 수 있도록 예시 위주로 이야기를 풀어 나갔답니다. 하지만 수학을 이야기로 풀어내는 과정 속에서 저의 한계가 만들어 낸 결점은 아직도 책 속에 남아 있을 텐데요. 여러분의 수학을 향한 열정이라면 그런 부분을 충분히 극복하고 이 책을 통해 흐뭇한 기쁨을 얻으리라 기대합니다. 여러분처럼 수학을 즐거워하는 사람들, 수학으로 인해 행복한 사람들과 이 책을 함께 하게 된 저는 참 행복한 사람입니다.

오화평

차례

추천사   4
책머리에   6
100% 활용하기   10
데데킨트의 개념 체크   16

1교시
분모의 유리화   23

2교시
무리수의 상등 — 무리수가 서로 같다   41

3교시
무리수의 조밀성   57

4교시
무리수인지 어떻게 알까? ― 무리수 증명의 어려움   87

5교시
데데킨트의 증명   109

6교시
수의 분류와 확장   137

1 이 책은 달라요

《데데킨트가 들려주는 실수 2 이야기》는 분모의 유리화, 무리수의 상등, 무리수의 조밀성, 무리수 증명의 어려움, 데데킨트 절단, 수의 분류와 확장 등 실수와 관련된 여러 주제를 다양한 역사적 사실과 구체적인 예를 통하여 하나씩 차근차근 풀어 나갑니다. 《실수 1 이야기》에서 배웠던 실수에 대한 지식을 바탕으로 《실수 2 이야기》에서는 수학 시간에도 미처 생각하지 못했던 실수에 관한 내용을 깊이 있게 짚어 나갑니다. 이 과정을 통하여 학생들은 실수에 대해 가지고 있던 호기심을 채우는 좋은 기회를 갖게 될 것입니다. 또한 중학교와 고등학교 수학 교과 과정에서 다루고 있는 무리수와 실수에 대한 내용을 담아서 학생들로 하여금 수학 수업에 대해 자신감을 갖도록 도와줄 것입니다.

2 이런 점이 좋아요

❶ 다양한 분모의 유리화 방법과 무리수의 상등, 수의 확장과 연산 등을 통하여 실수와 무리수에 대한 지식을 더욱 튼튼히 할 수 있습니다.

❷ 수학 시간에 다루기 어려운 '무리수의 조밀성'과 '실수의 완비성'이란 주제를 다양하고 구체적인 예를 통하여 즐겁게 생각해 보는 기회를 제공합니다.

❸ 무리수 π, e에 대한 사실과 데데킨트 증명의 배경을 재미있는 수학사 이야기로 접근하여 학생들의 수학적 흥미를 높일 수 있는 기회를 제공합니다.

3 교과 연계표

학년	단원(영역)	관련된 수업 주제 (관련된 교과 내용 또는 소단원명)
초 6	도형과 측정	원주율과 원의 넓이
중 1	수와 연산	정수와 유리수, 유리수의 계산
중 1	도형과 측정	원과 부채꼴
중 2	수와 연산	유리수와 순환소수, 지수법칙
중 3	수와 연산	제곱근과 실수

4 수업 소개

1교시 분모의 유리화

다양한 분모의 유리화 방법에 대해 알아봅니다.

- 선행 학습 : 곱셈공식
- 학습 방법 : 주어진 수의 특징을 파악하여, 분모의 유리화를 하기 위해 곱해야 하는 수를 알아냅니다. 복잡한 분모의 유리화도 잘할 수 있도록 분모의 유리화의 계산 결과의 특징을 잘 기억합니다.

2교시 무리수의 상등 – 무리수가 서로 같다

무리수의 성질을 바탕으로 무리수의 상등을 이해합니다.

- 선행 학습 : 근호 안의 수 간단히 나타내기

- **학습 방법** : 무리수와 유리수의 관계를 바탕으로 무리수의 상등에 대해 이해합니다. 서로 같은 두 무리수가 주어졌을 때, 무리수 부분은 무리수 부분끼리, 유리수 부분은 유리수 부분끼리 비교하여 구하고자 하는 미지수의 값을 결정합니다.

3교시 무리수의 조밀성

어떤 수의 집합이 조밀성을 만족하는지 알아봅니다.

- **선행 학습** : 유리수의 대소 관계
- **학습 방법** : 조밀성의 수학적 정의를 살펴보고, 조밀성을 만족하는 집합에는 어떤 것들이 있는지 확인합니다. 무리수의 조밀성을 바탕으로 매우 가까운 두 수 사이에도 무리수가 항상 존재하는 것을 알고, 그런 무리수를 직접 찾아낼 수 있도록 연습해 봅니다.

4교시 무리수인지 어떻게 알까? – 무리수 증명의 어려움

다양한 무리수의 역사와 특징에 대해 알아봅니다.

- **선행 학습** : 원주율 π, 일차방정식, 이차방정식
- **학습 방법** : 인류가 지금까지 원주율 p의 값을 구해 낸 과정을 차근차근 알아봅니다. π, e 등의 무리수를 통하여 초월수라는 새로운 개념을 간단하게 살펴봅니다.

5교시 | 데데킨트의 증명

데데킨트의 절단을 이용해 실수의 정의를 내려봅니다.

- 선행 학습 : 공집합, 합집합
- 학습 방법 : 먼저 데데킨트가 실수의 정의를 내리게 된 배경을 살펴봅니다. 데데킨트 절단을 이해하고, 데데킨트 절단을 이용해 실수의 정의를 내리는 방법을 알아봅니다.

6교시 | 수의 분류와 확장

연산에 대하여 '닫혀 있다'라는 개념과 항등원, 역원에 대하여 알아봅니다.

- 선행 학습 : 수의 분류, 유리수의 사칙연산
- 학습 방법 : 연산에 대하여 '닫혀 있다'라는 개념을 살펴봅니다. 여러 가지 수의 집합 중 사칙연산에 대하여 닫혀 있는 집합을 알아보고, 연산의 기본 법칙을 이해합니다. 항등원, 역원의 개념을 살펴본 뒤에 주어진 집합의 항등원과 역원을 구해 봅니다.

데데킨트를 소개합니다

Julius Wilhelm Richard Dedekind(1831~1916)

나는 실수에 대해 체계적인 정리를 한 사람들 중의 한 명입니다. 특히 19세기 후반 극한과 연속 등이 포함된 해석학의 여러 개념이 발전하면서 무리수 연구에 공헌했답니다.

나는 '절단'이라는 개념을 사용해서 실수를 정의했습니다. 이것이 그 유명한 '데데킨트 절단'입니다. 이것은 수학적 엄밀성을 위해 연구하고 노력하는 과정에서 이루어 낸 큰 성과랍니다.

여러분, 나는 데데킨트입니다

여러분, 안녕하세요? 나는 지난 《실수 1 이야기》에 이어 《실수 2 이야기》에서도 실수라는 흥미로운 주제를 여러분과 함께 이야기하게 될 데데킨트라고 합니다. 만나서 반갑습니다.

이번 《실수 2 이야기》에서는 《실수 1 이야기》에서 미처 다 하지 못한 중요한 이야기를 다루게 될 텐데요. 그중에는 나의 가장 큰 수학적 업적인 '데데킨트 절단'도 들어 있답니다. 《실수 1 이야기》에서 데데킨트 절단을 제대로 소개하지 못한 아쉬움을 이번 《실수 2 이야기》에서 풀게 되어 매우 기쁘군요.

17세기 말 뉴턴과 라이프니츠가 수학의 한 분야인 미적분학을 발견한 이후 수학자들은 수학적 엄밀성을 소홀히 한 채 미적분학의 응용에만 몰두하게 되었답니다. 미적분학이 가져온 과학과 산업의 발전이라는 엄청난 효과 때문이었지요. 그렇게 100여 년 동안 수학에서 매우 중요한 엄밀성을 소홀히 하고 응용에만 치우친 결과 문제점이 생겨났고, 그로 인해 19세기에는 수학자들 사이에 다시 수학적 엄밀성을 중요시하는 분위기가 만들어졌답니다. 그런 분위기 속에서 바이어슈트라스, 칸토어 그리고 나 데데킨트 등 많은 수학자가 수학적 엄밀성을 위해 연구하고 노력하게 되었지요. 바로 그런 배경 속에서 내가 실수의 엄밀한 정의를 하기 위해 '데데킨트 절단'이라는 방법을 고안하게 된 것이랍니다.

내 연구로부터 100년도 더 지난 21세기에도 여전히 수학의 큰 부분을 차지하고 있는 실수에 대해 여러분과 이야기를 나눌 기회를 가지게 되어 너무 영광입니다. 아무쪼록 이 책과 나 데데킨트를 통해 실수와 한층 더 친숙해질 수 있는 여러분이 되기 바랍니다.

1교시

분모의 유리화

다양한 분모의 유리화 방법에 대해 알아봅니다.

수업 목표

1. 분모의 형태에 따라 분모의 유리화에 알맞은 분수를 알 수 있습니다.
2. 다양한 분모의 유리화를 할 수 있습니다.

 미리 알면 좋아요

1. 단항식과 다항식의 곱셈

① $a(b+c)=ab+ac$
② $(b+c)a=ab+ac$

(예) i) $2(x+3y)=2x+6y$
　　ii) $(2x-y^2)a=2ax-ay^2$

2. 다항식과 다항식의 곱셈

① $(a+b)(a-b)=a^2-ab+ba-b^2=a^2-b^2$
② $(a+b)(a+b)=a^2+ab+ba+b^2=a^2+2ab+b^2$
③ $(a-b)(a-b)=a^2-ab-ba+b^2=a^2-2ab+b^2$

(예) i) $(x+y)(x-y)=x^2-y^2$
　　ii) $(3x+y)(3x+y)=(3x+y)^2$
　　　　　　　　　　　$=(3x)^2+2\times 3x\times y+y^2$
　　　　　　　　　　　$=9x^2+6xy+y^2$
　　iii) $(x-2y)(x-2y)=(x-2y)^2$
　　　　　　　　　　　$=x^2-2\times x\times 2y+(2y)^2$
　　　　　　　　　　　$=x^2-4xy+4y^2$

데데킨트의 첫 번째 수업

여러분, 안녕하세요?《실수 1 이야기》에서 여러분과 첫 만남을 가진 지도 꽤 오래되었는데 그동안 나 데데킨트를 잊지는 않았나요? 이렇게《실수 2 이야기》에서 다시 만나게 되어 정말 반갑습니다. 지금부터는《실수 1 이야기》에서 무리수에 대해 아직 못다 한 이야기를 이어서 다시 해 보려고 하는데요. 정말 무리수란 껍질을 벗기고 또 벗겨도 나오는 양파처럼 파고들수록 그 끝을 알 수 없는 존재 같습니다.

오랜 역사 동안 사람들의 꾸준한 관심의 대상이 되어 왔고, 그 결과 우리는 무리수에 대한 여러 가지 유용한 사실을 알게 되었지만 아직도 그 발견은 끝이 나지 않았으니까 말이에요. 무리수에 대하여 현재까지도 알지 못하는 부분이 있고, 무리수에 대하여 알면 알수록 모르는 사실이 더 발견되기도 하는 것이 사실입니다. 그리고 그것은 비단 무리수뿐만 아니라 전반적인 수학에도 해당하는 이야기이지요. 수학에서 아직은 모르는 내용의 껍질을 벗기고 벗겨 새로운 내용을 알아내도 그 결과 더 새롭고 알 수 없는 내용의 껍질이 나타나니까 말이에요. 마치 무한개의 껍질로 둘러싸인 신기한 양파처럼요. 하지만 이 책을 읽는 여러분의 호기심과 탐구 자세라면 무리수뿐만 아니라 전반적인 수학에 덮여 있는 수많은 미지의 껍질을 하나하나 벗겨 나갈 수 있을 거라 생각합니다. 그렇지요, 여러분?

이번 시간에는《실수 1 이야기》에서 다룬 분모의 유리화 방식보다 조금 더 복잡한 유리화 방법도 알아보도록 하지요. 우선 다양한 분모의 유리화 방법을 정리하면 다음과 같습니다.

쏙쏙 이해하기

분모의 유리화 방법

① $\dfrac{b}{\sqrt{a}} = \dfrac{b}{\sqrt{a}} \times \dfrac{\sqrt{a}}{\sqrt{a}} = \dfrac{b\sqrt{a}}{a}$ $(a > 0)$

② $\dfrac{c}{\sqrt{a}+\sqrt{b}} = \dfrac{c}{\sqrt{a}+\sqrt{b}} \times \dfrac{\sqrt{a}-\sqrt{b}}{\sqrt{a}-\sqrt{b}}$
$= \dfrac{c(\sqrt{a}-\sqrt{b})}{a-b}$ $(a, b > 0, a \neq b)$

③ $\dfrac{c}{\sqrt{a}-\sqrt{b}} = \dfrac{c(\sqrt{a}+\sqrt{b})}{(\sqrt{a}-\sqrt{b})(\sqrt{a}+\sqrt{b})}$
$= \dfrac{c(\sqrt{a}+\sqrt{b})}{a-b}$ $(a, b > 0, a \neq b)$

첫 번째 유리화 방법은《실수 1 이야기》에서 이미 다룬 방법이지요. $\sqrt{a}\times\sqrt{a}=a$를 이용하여 분모를 유리화하기 위해 분자와 분모 모두 $\sqrt{a}$인 수, $\frac{\sqrt{a}}{\sqrt{a}}$를 곱하는 것입니다. 여기에서 $\frac{\sqrt{a}}{\sqrt{a}}$는 모양만 복잡할 뿐이지 약분하면 사실 1이기 때문에 곱해도 수의 크기에는 영향을 미치지 않는답니다.

두 번째 유리화 방법은 좀 더 복잡해 보이지만 사실 첫 번째 유리화 방법과 원리가 비슷하지요. 다만 차이점은 분모 $\sqrt{a}+\sqrt{b}$를 유리화하기 위해 분자와 분모 모두 $\sqrt{a}-\sqrt{b}$로 이루어진 수, $\frac{\sqrt{a}-\sqrt{b}}{\sqrt{a}-\sqrt{b}}$를 곱한다는 것입니다. 곱하는 수가 좀 더 복잡해 보이기는 하지만 이 수도 역시 1로 간단히 약분되는 것은 아까와 같습니다.

"그런데 데데킨트 선생님, 왜 하필 $\sqrt{a}-\sqrt{b}$같이 복잡한 수를 이용하는 건가요?"

글쎄요. 그 이유는 아무래도 아래와 같이 $\sqrt{a}+\sqrt{b}$와 $\sqrt{a}-\sqrt{b}$를 직접 곱해 보면 알 수 있을 것 같네요.

$$(\sqrt{a}+\sqrt{b})(\sqrt{a}-\sqrt{b})=(\sqrt{a})^2-\sqrt{a}\sqrt{b}+\sqrt{b}\sqrt{a}-(\sqrt{b})^2$$
$$=a-\sqrt{ab}+\sqrt{ab}-b=a-b$$

어때요? $\sqrt{a}+\sqrt{b}$와 $\sqrt{a}-\sqrt{b}$를 서로 곱했더니 제곱근 기호가 다 사라지고 '$a-b$'라는 유리수만 남게 되지요? 이와 같이 $\sqrt{a}+\sqrt{b}$에 곱하여 유리수로 만들 수 있는 수가 바로 $\sqrt{a}-\sqrt{b}$이 기 때문에 $\dfrac{\sqrt{a}-\sqrt{b}}{\sqrt{a}-\sqrt{b}}$를 곱한답니다.

세 번째 유리화 방법은 두 번째 유리화 방법과 거의 같습니다. 다만 분모에 $\sqrt{a}+\sqrt{b}$가 아닌 $\sqrt{a}-\sqrt{b}$가 있어서 분자, 분모가 $\sqrt{a}+\sqrt{b}$로 이루어진 $\dfrac{\sqrt{a}+\sqrt{b}}{\sqrt{a}+\sqrt{b}}$를 곱하는 것뿐이지요.

"정말 아까 두 번째 방법이랑 거의 비슷하긴 하네요. 그래도 이번에 배운 분모의 유리화는 전에 알고 있던 것보다 훨씬 복잡해 보여요. 더 신경 써서 알아 둬야겠어요."

그러면 분모의 유리화를 실제 계산에 적용해 보도록 할까요?

첫 번째 방법의 예로 무리수 $\dfrac{3}{\sqrt{6}}$을 유리화 하려면 어떻게 해야 할까요?

"분모가 $\sqrt{6}$이니까 $\dfrac{\sqrt{6}}{\sqrt{6}}$을 곱하면 되지요. 그러면 $\dfrac{3}{\sqrt{6}}\times\dfrac{\sqrt{6}}{\sqrt{6}}=\dfrac{3\sqrt{6}}{6}=\dfrac{\sqrt{6}}{2}$으로 유리화할 수 있어요."

잘 해결했네요. 이번에는 $\dfrac{2}{\sqrt{3}+\sqrt{2}}$를 유리화해 봅시다. 그러려면 두 번째 방법을 이용해야겠지요. 이번에는 어떤 수를 곱해야 할까요?

"분모 $\sqrt{3}+\sqrt{2}$의 가운데 부호만 바꾸면 $\sqrt{3}-\sqrt{2}$이니까, $\dfrac{\sqrt{3}-\sqrt{2}}{\sqrt{3}-\sqrt{2}}$를 곱해야 해요. 그런데 계산은 잘 못하겠어요. 선생님께서 한 번만 해 주시면 안 되나요?"

그럼 한번 해 볼까요? 계산을 해 보면 $\dfrac{2}{\sqrt{3}+\sqrt{2}}\times\dfrac{\sqrt{3}-\sqrt{2}}{\sqrt{3}-\sqrt{2}}=\dfrac{2(\sqrt{3}-\sqrt{2})}{3-2}=2(\sqrt{3}-\sqrt{2})$를 얻을 수 있습니다. 그럼 마지막

으로 $\dfrac{3}{\sqrt{5}-\sqrt{2}}$을 유리화해 보도록 하지요. 그러려면 세 번째 방법처럼 분모 $\sqrt{5}-\sqrt{2}$의 가운데 부호가 반대인 $\dfrac{\sqrt{5}+\sqrt{2}}{\sqrt{5}+\sqrt{2}}$를 곱해야 합니다. 이번에는 여러분이 계산해 보면 어떨까요?

"음, 천천히 계산해 보면 $\dfrac{3}{\sqrt{5}-\sqrt{2}} \times \dfrac{\sqrt{5}+\sqrt{2}}{\sqrt{5}+\sqrt{2}} = \dfrac{3(\sqrt{5}+\sqrt{2})}{5-2} = \sqrt{5}+\sqrt{2}$가 나오는데요."

데데킨트의 첫 번째 수업

정답입니다. 약분까지 잘해 주었네요. 그러면 다음 문제를 통하여 더 확실히 분모의 유리화를 연습해 보도록 합시다.

쏙쏙 문제 풀기

(1) $\dfrac{2}{2-\sqrt{3}}$

(2) $\dfrac{3}{\sqrt{3}-1}$

(3) $\dfrac{\sqrt{3}}{\sqrt{6}-\sqrt{2}}$

(4) $\dfrac{5}{2+\sqrt{6}}$

(5) $\dfrac{2}{2\sqrt{3}+3}$

(6) $\dfrac{5}{\sqrt{7}+\sqrt{2}}$

어때요? 생각했던 것보다 알쏭달쏭한 문제들도 있을 것 같은데, 같이 한번 확인해 볼까요?

(1)번 문제부터 풀어 보도록 합시다. $\dfrac{2}{2-\sqrt{3}}$의 분모 $2-\sqrt{3}$에서 2에 제곱근이 없어서 좀 당황스러울 수도 있겠는데요. 신경 쓰지 말고 앞의 예처럼 $2-\sqrt{3}$의 가운데 부호가 반대인 $2+\sqrt{3}$을

떠올리면 됩니다. 즉, $\dfrac{2+\sqrt{3}}{2+\sqrt{3}}$을 곱합니다.

계산 결과는 $\dfrac{2}{2-\sqrt{3}} \times \dfrac{2+\sqrt{3}}{2+\sqrt{3}} = \dfrac{2(2+\sqrt{3})}{2^2-(\sqrt{3})^2} = \dfrac{4+2\sqrt{3}}{4-3}$
$=4+2\sqrt{3}$이 됩니다.

"어휴, $2+\sqrt{3}$에 $2-\sqrt{3}$을 곱하면 $2-3$이 아닌 $2^2-(\sqrt{3})^2$, 즉 $4-3$이 된다는 것을 주의해야겠어요. 헷갈리네요."

데데킨트의 첫 번째 수업

그렇지요. $\sqrt{2}+\sqrt{3}$에 $\sqrt{2}-\sqrt{3}$을 곱하면 $(\sqrt{2})^2-(\sqrt{3})^2$, 즉 $2-3$이 되는 것과 혼동을 일으키기 쉬운 경우니까요. 나머지 문제들도 계속 확인해 볼까요?

(2)번 문제의 경우, $\dfrac{3}{\sqrt{3}-1}$에서도 유리화를 하기 위해 $\sqrt{3}-1$의 가운데 부호가 반대인 $\sqrt{3}+1$을 떠올리면 됩니다. 즉, $\dfrac{\sqrt{3}+1}{\sqrt{3}+1}$을 곱하면 $\dfrac{3}{\sqrt{3}-1}\times\dfrac{\sqrt{3}+1}{\sqrt{3}+1}=\dfrac{3(\sqrt{3}+1)}{3-1}=\dfrac{3(\sqrt{3}+1)}{2}$이 됩니다. 어때요? 조금씩 분모의 유리화에 익숙해지는 게 느껴지나요?

(3)번 문제와 (4)번 문제도 마찬가지 방법으로 계산하면 다음과 같은 결과를 얻게 되지요.

(3) $\dfrac{\sqrt{3}}{\sqrt{6}-\sqrt{2}}\times\dfrac{\sqrt{6}+\sqrt{2}}{\sqrt{6}+\sqrt{2}}=\dfrac{\sqrt{3}(\sqrt{6}+\sqrt{2})}{6-2}=\dfrac{\sqrt{18}+\sqrt{6}}{4}$

$=\dfrac{3\sqrt{2}+\sqrt{6}}{4}$

(4) $\dfrac{5}{2+\sqrt{6}}\times\dfrac{2-\sqrt{6}}{2-\sqrt{6}}=\dfrac{5(2-\sqrt{6})}{2^2-(\sqrt{6})^2}=\dfrac{10-5\sqrt{6}}{4-6}$

$=\dfrac{10-5\sqrt{6}}{-2}=\dfrac{-10+5\sqrt{6}}{2}$

(5)번 문제의 경우에는 $\dfrac{2}{2\sqrt{3}+3}$에 어떤 수를 곱해야 할까요? 좀 알쏭달쏭할 것 같은데 말입니다.

"분모 $2\sqrt{3}+3$의 가운데 부호를 반대로 한 $2\sqrt{3}-3$을 이용하면 되잖아요."

혹시나 $\sqrt{3}-3$을 떠올릴까 봐 걱정했는데, 잘 알고 있군요. 그럼 결과를 확인해 볼까요?

$$(5)\ \frac{2}{2\sqrt{3}+3} \times \frac{2\sqrt{3}-3}{2\sqrt{3}-3} = \frac{2(2\sqrt{3}-3)}{(2\sqrt{3})^2-3^2} = \frac{4\sqrt{3}-6}{12-9}$$
$$= \frac{4\sqrt{3}-6}{3}$$

마지막으로 (6)번 문제입니다. 이 문제도 앞에서 푼 것과 같은 방법으로 풀면, $\frac{5}{\sqrt{7}+\sqrt{2}} \times \frac{\sqrt{7}-\sqrt{2}}{\sqrt{7}-\sqrt{2}} = \frac{5(\sqrt{7}-\sqrt{2})}{7-2} = \sqrt{7}-\sqrt{2}$ 를 얻게 됩니다.

어때요? 지금까지 푼 결과가 여러분이 스스로 얻어 낸 답과도 같았나요?

"선생님, 오랜만에 만나자마자 내주신 문제가 너무 어려운 거 아니에요? 솔직히 곱해야 하는 분수도 너무 복잡하고, 계산도 너무 어렵다고요."

하하하, 여러분이 《실수 1 이야기》에서 이미 다룬 유리화와 관련된 내용이라서 좀 빨리 진행했는데, 성급했나 보군요. 물론 이번 유리화는 훨씬 복잡해 보이는 게 사실이지만 규칙만 확실히 지킨다면 쉽게 해결할 수 있답니다. 그 규칙은 이미 앞에서도 언급했지만, 복습하는 의미로 다시 한번 짚어 볼까요?

$$\frac{c}{\sqrt{a}\pm\sqrt{b}}=\frac{c(\sqrt{a}\mp\sqrt{b})}{(\sqrt{a}\pm\sqrt{b})(\sqrt{a}\mp\sqrt{b})}=\frac{c(\sqrt{a}\mp\sqrt{b})}{a-b}$$

$$(a, b > 0, a \neq b)$$

위 식은 분모의 유리화 방법 ②, ③번을 동시에 나타낸 것이지요. 원래 주어진 분수의 분모의 형태에 따라 곱해야 하는 분수의 형태가 $\frac{\sqrt{a}+\sqrt{b}}{\sqrt{a}+\sqrt{b}}$ 또는 $\frac{\sqrt{a}-\sqrt{b}}{\sqrt{a}-\sqrt{b}}$로 정해지지만, 곱한 결과 분모는 항상 $a-b$가 된다는 것이 재미있는 점이지요. 이것을 잘 기억해 두면 복잡해 보이는 분모의 유리화도 좀 더 쉽게 할 수 있답니다. 지금은 유리화하는 것이 좀 어렵게 느껴지겠지만 다시 한번 끈기를 가지고 문제를 살펴보세요. 조금씩 자신감이 붙는 것을 느끼게 될 거예요. 여러분, 모두 파이팅!

수업정리

분모의 유리화는 다음과 같이 주어진 수의 분모의 형태에 따라 곱하는 분수의 형태가 달라집니다.

① $\dfrac{b}{\sqrt{a}} = \dfrac{b}{\sqrt{a}} \times \dfrac{\sqrt{a}}{\sqrt{a}} = \dfrac{b\sqrt{a}}{a}$

(예) $\dfrac{2}{\sqrt{6}} = \dfrac{2}{\sqrt{6}} \times \dfrac{\sqrt{6}}{\sqrt{6}} = \dfrac{2\sqrt{6}}{6} = \dfrac{\sqrt{6}}{3}$

② $\dfrac{c}{\sqrt{a}+\sqrt{b}} = \dfrac{c}{\sqrt{a}+\sqrt{b}} \times \dfrac{\sqrt{a}-\sqrt{b}}{\sqrt{a}-\sqrt{b}} = \dfrac{c(\sqrt{a}-\sqrt{b})}{a-b}$

$(a, b > 0, a \neq b)$

(예) $\dfrac{4}{\sqrt{6}+\sqrt{2}} = \dfrac{4}{\sqrt{6}+\sqrt{2}} \times \dfrac{\sqrt{6}-\sqrt{2}}{\sqrt{6}-\sqrt{2}} = \dfrac{4(\sqrt{6}-\sqrt{2})}{6-2}$

$= \sqrt{6}-\sqrt{2}$

③ $\dfrac{c}{\sqrt{a}-\sqrt{b}} = \dfrac{c}{\sqrt{a}-\sqrt{b}} \times \dfrac{\sqrt{a}+\sqrt{b}}{\sqrt{a}+\sqrt{b}} = \dfrac{c(\sqrt{a}+\sqrt{b})}{a-b}$

$(a, b > 0, a \neq b)$

(예) $\dfrac{4}{\sqrt{5}-\sqrt{3}} = \dfrac{4}{\sqrt{5}-\sqrt{3}} \times \dfrac{\sqrt{5}+\sqrt{3}}{\sqrt{5}+\sqrt{3}} = \dfrac{4(\sqrt{5}+\sqrt{3})}{5-3}$

$= 2(\sqrt{5}+\sqrt{3})$

2교시

무리수의 상등
−무리수가 서로 같다

무리수의 성질을 바탕으로 무리수의 상등을 이해합니다.

수업 목표

1. 무리수와 유리수 집합이 서로소인 것을 이용하여 무리수의 상등을 설명할 수 있습니다.
2. 무리수의 상등을 이용하여 서로 같은 두 무리수의 일부분을 알 수 있습니다.

미리 알면 좋아요

근호 안의 수 간단히 나타내기

$\sqrt{a^2 b} = a\sqrt{b}\ (a>0,\ b>0)$

예) i) $\sqrt{18} = \sqrt{2 \times 3^2} = 3\sqrt{2}$
    ii) $\sqrt{20} = \sqrt{2^2 \times 5} = 2\sqrt{5}$
   iii) $\sqrt{50} = \sqrt{2 \times 5^2} = 5\sqrt{2}$

데데킨트의
두 번째 수업

여러분, 유리수와 무리수는 물과 기름처럼 서로 겹치지 않는 관계라는 것 기억하나요?

"네, 지난번 《실수 1 이야기》에서 유리수 집합을 Q, 무리수 집합을 I라고 하면 $Q \cap I = \phi$, 즉 두 집합의 교집합은 공집합이 된다고 배운 것이 기억나요."

오, 그걸 기억하는 것을 보니 매우 열심히 공부를 했군요. 그렇다면 이번 수업을 이해하기가 훨씬 쉬워지겠는데요.

"어, 이번 수업은 제목으로 봐서 무리수가 주인공인 것 같은데, 유리수도 나오나요?"

네, 물론 두 무리수가 서로 같을 때 가지는 성질을 다루게 되겠지만 그때 유리수와 무리수의 '물과 기름과 같은 관계'가 중요한 의미를 갖거든요. 자, 그럼 두 번째 수업을 시작해 봅시다. 먼저 다음 여러 가지 무리수를 살펴보도록 하지요.

$$\sqrt{3},\ \sqrt{2}-1,\ 2\sqrt{2},\ \frac{3}{2}+\sqrt{5},\ \sqrt{18},\ 1+\sqrt{12},\ \sqrt{2}+\sqrt{3}$$

위에 나와 있는 수를 아래와 같이 두 집합 A, B로 분류했다면 어떤 규칙에 따라 분류한 것일까요?

$$A = \{\sqrt{3}, 2\sqrt{2}, \sqrt{18}, \sqrt{2}+\sqrt{3}\}$$
$$B = \{\sqrt{2}-1, \frac{3}{2}+\sqrt{5}, 1+\sqrt{12}\}$$

"집합 B의 무리수들은 모두 항이 2개예요."

물론 그렇지요. 하지만 집합 A의 원소 중 $\sqrt{2}+\sqrt{3}$도 항이 2개이므로, 항의 개수에 따라 분류한 것은 아니겠지요.

"그렇긴 하지만 어쨌든 그게 가장 눈에 띄는 차이점인걸요. 물론 집합 A의 $\sqrt{2}+\sqrt{3}$은 설명이 안 되지만요."

그럼 같이 한번 살펴볼까요? 집합 B의 원소 중 $\sqrt{2}-1$을 예로 들어 보지요. $\sqrt{2}-1$을 구성하고 있는 $\sqrt{2}$와 -1이라는 2개의 항은 각각 무리수와 유리수입니다. 맞지요?

"어, 그렇네요. 그럼 집합 B의 다른 원소도 마찬가지인가요?"

한번 살펴볼까요? $\frac{3}{2}+\sqrt{5}$도 유리수 $\frac{3}{2}$과 무리수 $\sqrt{5}$로 이루어져 있고, $1+\sqrt{12}$도 역시 유리수 1과 무리수 $\sqrt{12}$로 이루어져 있군요.

"그럼 집합 B의 무리수는 모두 유리수와 무리수가 섞여 있다는 것이 특징이네요. 그럼 반대로 집합 A의 무리수는 모두 순수한 무리수로만 구성되어 있는 거군요. $\sqrt{2}+\sqrt{3}$도 항은 2개지만 어차피 두 항 모두 무리수니까요."

그렇습니다. 하지만 집합 A의 원소들도 사실 집합 B의 원소처럼 유리수와 무리수로 이루어진 것으로 볼 수 있답니다.

"무슨 소리세요? 데데킨트 선생님. 집합 A의 원소들은 아무리 봐도 유리수로 이루어져 있지 않은데요. $\sqrt{3}$, $2\sqrt{2}$, $\sqrt{18}$, $\sqrt{2}+\sqrt{3}$ 모두 무리수로만 이루어져 있잖아요."

하하하, 알고 나면 간단하지만 알기 전에는 정말 혼란스럽지요? 천천히 생각해 봅시다. 여러분, 0은 유리수인가요, 무리수인가요?

"0은, $0=\dfrac{0}{1}=\dfrac{0}{2}=\dfrac{0}{3}=\cdots\cdots$ 등으로 나타낼 수 있는 유리수 아닌가요?"

맞습니다. 그럼 0을 이용해서 집합 A의 원소 $\sqrt{3}$, $2\sqrt{2}$, $\sqrt{18}$, $\sqrt{2}+\sqrt{3}$을 $0+\sqrt{3}$, $0+2\sqrt{2}$, $0+\sqrt{18}$, $0+\sqrt{2}+\sqrt{3}$과 같이 유리수와 무리수가 더해진 형태로 나타낼 수 있겠지요.

"아, 그렇군요. 그런데 도대체 '무리수가 서로 같다.'는 내용은 언제 배우는 건가요?"

네, 이제 준비가 다 되었으니 본론에 들어가 보도록 할까요? 여러분, 앞에서 집합 A와 집합 B를 살펴보았듯이 비록 무리수라 하더라도 그 수는 유리수 부분과 무리수 부분 두 가지로 이루어졌다고 볼 수 있습니다. 그런데 유리수와 무리수는 물과 기름처럼 서로 겹치지 않기 때문에 서로 같은 두 무리수는 다음과 같이 재미있는 성질을 갖는답니다.

유리수 a, b, c, d와 무리수 $\sqrt{m}$에 대하여
$a+b\sqrt{m}=c+d\sqrt{m}$이면 $a=c, b=d$이다.

위의 성질이 바로 무리수의 상등相等, 즉 '무리수가 서로 같다.'는 말입니다. 위의 경우에서 $a+b\sqrt{m}=$A, $c+d\sqrt{m}=$B라 하면, 유리수와 무리수 집합은 서로 겹치지 않는 집합이므로 두 무리수 A, B가 서로 같을 때, 무리수 A의 유리수 부분 a는 무리수 B의 무리수 부분과는 전혀 상관이 없지만 B의 유리수 부분 c와는 완벽히 일치한다는 것입니다. 이것은 두 수 A, B의 무리수 부분도 마찬가지랍니다.

"데데킨트 선생님, 그런데 머리에서는 이해가 잘 안 가는데

요. 좀 더 쉽게 설명해 주세요. 예를 들면 어떤 경우가 있는 거지요?"

구체적인 예를 들어 유리수 a, b와 무리수 $\sqrt{m}$에 대하여 $a+2\sqrt{m}=3+b\sqrt{m}$일 때를 생각해 봅시다. 유리수와 무리수는 겹치지 않으므로 두 무리수 $a+2\sqrt{m}$, $3+b\sqrt{m}$이 같을 때, $a+2\sqrt{m}$의 유리수 부분인 a는 $3+b\sqrt{m}$의 유리수 부분인 3과 같고, $a+2\sqrt{m}$에서 무리수 $\sqrt{m}$ 앞의 2는 $3+b\sqrt{m}$에서 무리수 $\sqrt{m}$ 앞의 b와 같다는 것이지요. 그러므로 $a=3$, $b=2$라는 결과를 얻게 된답니다.

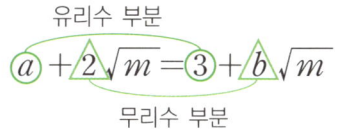

$$\underset{\text{무리수 부분}}{\overset{\text{유리수 부분}}{a + 2\sqrt{m} = 3 + b\sqrt{m}}}$$

"그러니까 두 무리수가 같을 때, 유리수 부분은 유리수 부분끼리 같고, 무리수 부분은 무리수 부분끼리 같다는 거, 맞지요?"

예, 맞습니다. 핵심을 잘 이해했군요. 그럼 이제 무리수가 서로 같을 때 가지는 성질을 이용하여 몇 가지 문제를 풀어 보도록 할까요?

문제 풀기

다음 두 수가 서로 같을 때, 유리수 a, b의 값을 구하시오.

(1) $4-2\sqrt{3}, a+b\sqrt{3}$

(2) $a-\sqrt{5}, \dfrac{3}{2}+b\sqrt{5}$

(3) $3\sqrt{2}-6, a+b\sqrt{2}$

(4) $\dfrac{3}{4}-a\sqrt{6}, \sqrt{6}+2b$

(5) $\dfrac{a}{3}\sqrt{2}, b+2\sqrt{2}$

(6) $3a-5\sqrt{7}, 5-b\sqrt{7}$

(7) $2a-b\sqrt{5}, 0$

서로 같은 무리수에서 유리수 부분은 유리수 부분끼리, 무리수 부분은 무리수 부분끼리 같아야 한다는 사실에 주목하면 쉽게 풀 수 있을 겁니다. 구한 값을 뒤의 정답과 한번 비교해 보세요.

"그런데요, 데데킨트 선생님. '무리수의 상등'은 모든 무리수에 대해서 적용되는 거잖아요. 어떻게 다 확인해 보지도 않고 알 수 있지요? 예외가 혹시 있을 수는 없나요?"

하하하, 그런 걱정은 증명을 통해서 해결할 수 있지요. 그럼 잠시 무리수의 상등에 관한 증명을 확인해 볼까요?

무리수의 상등의 증명

유리수 a, b, c, d와 무리수 $\sqrt{m}$에 대하여
$a+b\sqrt{m}=c+d\sqrt{m}$일 때, c와 $b\sqrt{m}$을 이항하면,
$a-c=(d-b)\sqrt{m}$

양변을 제곱하면,
$(a-c)^2=(d-b)^2(\sqrt{m})^2$
$(a-c)^2=(d-b)^2 m$

$(d-b)^2 m$을 이항하면
$(a-c)^2-(d-b)^2 m=0$ ······ ①

이때, 위 식은 m의 값에 관계없이 성립해야 하므로 $m=0$을 대입하면,
$(a-c)^2=0$ ∴ $a=c$ ······ ②

$(a-c)^2=0$을 ①에 대입하면, $(d-b)^2 m=0$

위 식도 m의 값에 관계없이 성립해야 하므로 $m=1$을 대입하면,
$(d-b)^2=0$ ∴ $b=d$ ······ ③

②, ③에 의해 $a=c, b=d$

자, 어때요? 무리수의 상등에는 절대 예외가 없다는 것을 이렇게 증명으로 확인했으니 이제부터 아까와 같은 걱정은 하지

않아도 되겠지요?

"그런데요, 데데킨트 선생님. 그럼 a, b가 유리수일 때, $4+a\sqrt{3}=b+\sqrt{12}$는 잘못된 등식 아닌가요? $\sqrt{2}, \sqrt{12}$처럼 근호 안의 수가 다르잖아요?"

물론 그렇게 보이기도 하지만, 근호 안의 수를 소인수분해 하였을 때, 제곱수가 있으면 더 간단히 나타낼 수 있다는 사실 기억하나요?

"아, 맞다.《실수 1 이야기》에서 배웠던 기억이 나요."

복습

《데데킨트가 들려주는 실수 1 이야기》의 여섯 번째 수업 '무리수의 사칙 연산 곱셈과 나눗셈' 중에서,
$\sqrt{a^2 b}=a\sqrt{b}\ (a>0, b>0)$

"그럼 $\sqrt{12}=\sqrt{2^2 \times 3}=2\sqrt{3}$으로 나타낼 수 있으니까 $4+a\sqrt{3}=b+\sqrt{12}$는 결국 $4+a\sqrt{3}=b+2\sqrt{3}$이네요. 그러면 $a=2$, $b=4$인가요?"

그렇습니다. 풀이 및 정답을 잘 살펴보세요.

풀이 및 정답

(1) $4-2\sqrt{3}, a+b\sqrt{3}$에서 ➡ $a=4, b=-2$

(2) $a-\sqrt{5}, \frac{3}{2}+b\sqrt{5}$에서 ➡ $a=\frac{3}{2}, b=-1$

(3) $3\sqrt{2}-6, a+b\sqrt{2}$에서 $a+b\sqrt{2}=b\sqrt{2}+a$이므로
➡ $b=3, a=-6$

(4) $\frac{3}{4}-a\sqrt{6}, \sqrt{6}+2b$에서 $\sqrt{6}+2b=2b+\sqrt{6}$이므로
➡ $2b=\frac{3}{4}, -a=1$
∴ $b=\frac{3}{4}\times\frac{1}{2}=\frac{3}{8}, a=-1$

(5) $\frac{a}{3}\sqrt{2}, b+2\sqrt{2}$에서 $b=0, \frac{a}{3}=2$이므로
➡ $a=2\times 3=6, b=0$

(6) $3a-5\sqrt{7}, 5-b\sqrt{7}$에서 $3a=5, -5=-b$이므로
➡ $a=\frac{5}{3}, b=5$

(7) $2a-b\sqrt{5}=0$이므로 $2a=0, -b=0$ ➡ $a=0, b=0$

마지막으로 문제를 한번 더 풀어 보고 이번 수업을 마치도록 하지요. 문제를 푼 뒤에는 꼭 풀이와 정답을 확인해 보세요.

문제 풀기

다음 등식이 성립할 때, 유리수 a, b의 값을 구하시오.
(1) $7 - 2\sqrt{2} = a - b\sqrt{8}$
(2) $a - \dfrac{3}{2}\sqrt{3} = -1 + 2b\sqrt{3}$
(3) $3 + a\sqrt{5} = b - \sqrt{125}$
(4) $-2 + 4\sqrt{3} = 3a + 2b\sqrt{12}$

풀이 및 정답

(1) $\sqrt{8} = \sqrt{2^2 \times 2} = 2\sqrt{2}$이므로

  $7 - 2\sqrt{2} = a - b \times 2\sqrt{2}$에서 $\therefore a = 7, b = 1$

(2) $a - \dfrac{3}{2}\sqrt{3} = -1 + 2b\sqrt{3}$에서 유리수 부분끼리 비교하면

  $a = -1$, 무리수 부분끼리 비교하면 $-\dfrac{3}{2} = 2b$

  $\therefore b = -\dfrac{3}{4}, a = -1$

(3) $\sqrt{125} = \sqrt{5^2 \times 5} = 5\sqrt{5}$이므로 $3 + a\sqrt{5} = b - 5\sqrt{5}$에서

  $\therefore b = 3, a = -5$

(4) $\sqrt{12} = \sqrt{2^2 \times 3} = 2\sqrt{3}$이므로 $-2 + 4\sqrt{3} = 3a + 2b \times 2\sqrt{3}$에

  서 $3a = -2, 4 = 4b$

  $\therefore a = -\dfrac{2}{3}, b = 1$

수업정리

유리수 집합과 무리수 집합은 서로소이므로 유리수 a, b, c, d와 무리수 $\sqrt{m}$에 대하여 $a+b\sqrt{m}=c+d\sqrt{m}$이면 $a=c, b=d$입니다.

㉠ i) 유리수 a, b에 대하여 $5-2\sqrt{3}=a+2b\sqrt{3}$일 때,
  $5=a, -2=2b$, 즉 $a=5, b=-1$

  ii) 유리수 a, b에 대하여 $3+2\sqrt{a}=b+\sqrt{8}$일 때,
  $3=b, 2\sqrt{a}=\sqrt{8}=2\sqrt{2}$, 즉 $a=2, b=3$

3교시

무리수의 조밀성

어떤 수의 집합이 조밀성을 만족하는지 알아봅니다.

수업 목표

1. 조밀성의 정확한 뜻을 이해하고, 조밀성을 만족하는 수의 집합을 말할 수 있습니다.
2. 임의의 두 수 사이에 존재하는 무리수를 찾아낼 수 있습니다.

 미리 알면 좋아요

1. 수직선 위의 두 수 a, b의 가운데 수를 c라 하면,
$$c = \frac{a+b}{2}$$

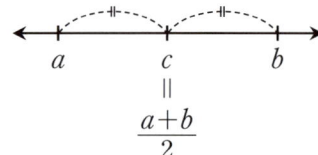

㉠ 1과 $\sqrt{2}$의 가운데 수는 $\frac{1+\sqrt{2}}{2}$

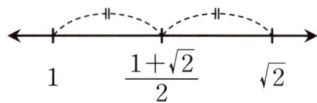

2. a보다 b만큼 큰 수는 $a+b$
   ㉠ $\sqrt{2}$보다 0.01만큼 큰 수는 $\sqrt{2}+0.01$

3. a보다 b만큼 작은 수는 $a-b$
   ㉠ $\sqrt{2}$보다 0.01만큼 작은 수는 $\sqrt{2}-0.01$

데데킨트의
세 번째 수업

 이번 시간에는 무리수의 조밀성에 대해서 살펴보도록 하겠습니다. 우리가 일상생활에서 어떤 상태를 조밀하다고 하지요?

 "음, 오밀조밀하다는 것은 무엇인가 정교하고 세밀하게 되어 있는 상태잖아요. 그럼 무리수의 조밀성은 무리수가 정교하고 세밀하게, 즉 촘촘하게 서로 붙어 있다는 뜻 아닌가요? 석류 알갱이처럼 다닥다닥 말이에요."

 음, 좋은 표현이에요. 무리수의 조밀성의 느낌을 잘 파악하고 있는 것 같군요. 그런데 여러분, 무리수는 과연 어느 정도로 조밀할까요? 예를 들어 한 교실에 40명의 학생이 있을 때를 생각해 봅시다. 여러분 생각에 이 상황이 서로 오밀조밀한 것 같나요?

"음, 그 정도면 오밀조밀한 것 같아요."

그럼 옆 반의 학생들이 더 몰려와서 한 교실에 80명의 학생들이 모여 있다면 어떤가요?

"그렇게 되면 이전보다 훨씬 오밀조밀하겠는데요. 그럼 40명이 있을 때를 오밀조밀하다고 말하기는 좀 애매하기도 하고요."

"네. 맞아요, 선생님. 같은 공간에 40명이 있을 때보다 80명이 있으면 훨씬 더 오밀조밀할 것 같아요. 오밀조밀한 상황은 상대적으로 달라지는 것 같아요."

그런가요? 하지만 40명이 있을 때도 오밀조밀하다고 생각하는 사람도 있을 수 있지요. 이렇게 우리가 일상생활에서 느끼는 오밀조밀한 상황은 상대적으로 달라지기도 하고, 그것을 바라보는 사람의 관점에 따라서도 매우 다를 수 있습니다. 하지만 수학에서는 애매하거나 주관적인 표현을 좋아하지 않기 때문에 실수의 조밀성에 대한 객관적이고 명확한 기준을 세워 놓았지요. 그것은 바로 다음과 같습니다.

> **Tip 실수의 조밀성**
>
> 전체 실수에서 서로 다른 두 실수 사이에 다른 실수가 항상 존재한다.

위 표현을 무리수에 적용해 보면, 무리수의 조밀성이란 무리수 집합에서 먼저 서로 다른 두 실수를 선택하면, 그 두 실수 사이에는 반드시 다른 무리수가 존재한다는 것입니다. 그런데 여러분, 이런 기준이 얼마나 오밀조밀한 상황을 나타내는 것인지 이해할 수 있나요?

"글쎄요, 사실 한 교실에 80명의 학생이 있는 상황은 확실히 오밀조밀한 것 같은데, 방금 말씀하신 수학적인 수의 조밀성은 느낌이 잘 안 와요."

하하하, 사실 수학적 표현을 감각적으로 이해하기는 쉽지 않지요. 그럼 구체적으로 예를 들어 생각해 봅시다. 먼저 '한 교실에 80명의 학생이 있다.'라는 상황을 조금 변형해서 '한 교실'을 '0과 1 사이의 구간'이라고 생각해 봅시다. 그리고 '80명의 학생들'은 '0과 1 사이의 구간에 존재하는 서로 다른 80개의 실수'라고 하지요. 0과 1 사이라는 짧은 구간에 80개나 되는 서로 다른 수를 점으로 나타내면 생각만 해도 매우 오밀조밀할 것 같습니다. 그러면 과연 조밀성의 기준을 만족할 수 있을까요? 그것을 확인하기 위해서는 먼저 80개의 수가 속해 있는 0과 1 사이의 구간에서 서로 다른 2개의 수를 선택해야 합니다. 여기에서는 편의상 80개의 수 중에서 서로 다른 2개의 수를 선택해 보도록 하지요. 어떻게 선택하든지 간에 선택한 서로 다른 2개의 수 사이에는 80개의 수 중 적어도 1개의 다른 수가 있어야 합니다. 자, 여러분 생각은 어떤가요? 0과 1 사이에 80개의 서로 다른 수가 있을 때, 그것 중에서 2개를 아무렇게나 골라도 항상 그 사이에 다른 수가 존재할까요?

"글쎄요, 존재할 수도 있지만 안 그럴 경우도 있을 것 같네요."

맞습니다. 0과 1 사이에 있는 80개의 서로 다른 수 중 2개를 선택할 때, 대부분의 경우에는 두 수 사이에 다른 수가 있을 겁니다. 하지만 선택한 2개의 수가 하필이면 서로 바로 옆에 있던 수였다면 그 두 수 사이에는 다른 수가 있을 수 없지요. 그러면 두 수 사이에는 반드시 다른 수가 존재한다고 할 수 없으므로 0과 1 사이의 구간에 80개의 서로 다른 수가 존재하는 상황도 위에서 말한 조밀성의 기준을 만족하지 못하게 됩니다.

"선생님, 그래도 잘 이해가 안 가는데 어떻게 하지요?"

그러면 0과 1 사이의 80개의 서로 다른 수를 더 구체적으로 생각해 봅시다. 0.01, 0.02, 0.03, 0.04 …… 0.78, 0.79, 0.80 이렇게 80개의 서로 다른 수가 있다고 보면 되겠군요.

0.01과 0.03을 선택하면 그 두 수 사이에는 다른 수 0.02가 있습니다. 0.01과 0.04를 선택해도 그 사이에는 0.02도 있고 0.03도 있군요. 또 0.78과 0.80을 선택해도 그 사이에 0.79가 있는 것을 알 수 있지요. 이때 대부분의 경우에는 선택한 두 수 사이에 다른 수가 존재할 것입니다. 하지만 0.01과 0.02를 선택하면 어떻게 되지요? 그 두 수 사이에 다른 수가 존재하나요?

"존재하지 않아요!"

"아니, 존재해요! 0.01과 0.02 사이에는 0.015가 있잖아요."

이번에는 여러분 의견이 둘로 나뉘었네요. 그런데 0.015를 떠올리며 다른 수가 존재한다고 생각할 수는 있지만, 지금 우리가 떠올릴 수 있는 수들은 처음에 약속한 80개의 수뿐이랍니다.

"어, 그러면 0.01과 0.02 사이에는 다른 수가 없어요. 80개의 수 중에서 0.01 다음으로 큰 수가 0.02니까요."

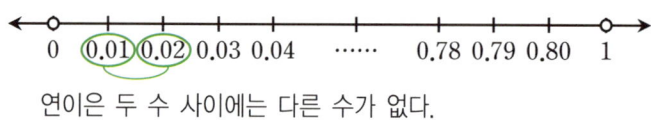

연이은 두 수 사이에는 다른 수가 없다.

위에서 0.01과 0.02의 예처럼 80개의 수 중에서 어떤 수 a와 바로 그다음으로 큰 수 b를 선택하면 a와 b 사이에는 다른 수가 없게 됩니다. 그리고 이런 경우가 전체 경우 중에 단 한 번이라도 발생하면 결국 80개의 수로 이루어진 집합은 조밀성을 만족할 수 없겠지요.

"데데킨트 선생님, 좀 너무한 거 아니에요? 한 번 정도는 봐줄 수 있잖아요?"

하하하, 그렇게 생각하나요? 흠, 좀 서운하게 생각할 수도 있겠지만, 그 정도로 '조밀성'이라는 성질은 쉽게 얻을 수 없는 매우 엄격한 성질이라고 생각해야겠지요.

"선생님, 그럼 0과 1 사이에 80개보다 훨씬 많은 999개의 수가 있다면 조밀성을 갖지 않을까요? 다음과 같이 999개의 수를 생각해 볼 수 있잖아요."

$0.001, 0.002, 0.003, 0.004 \cdots\cdots 0.777, 0.778 \cdots\cdots 0.998, 0.999$

글쎄요. 80개보다는 개수가 훨씬 많지만 과연 조밀성의 기준을 만족할 수 있을까요? 이 경우에도 999개의 수 중에서 바로 옆에 있는 두 수, 예를 들어 0.777과 0.778을 선택했다면 그 두 수 사이에는 다른 수가 아예 없잖아요. 그러면 역시 '어떤 두 수 사이에도 반드시 다른 수가 존재한다.'고 할 수 없으니 999개의 수로도 조밀성의 기준은 만족할 수 없답니다.

두 수 사이에는 다른 수가 없다.

"0과 1 사이의 짧은 구간에 숫자가 999개나 있는데도 조밀하지 못하다니 정말 조밀성의 기준은 너무 심한 것 같아요. 이런 식으로는 수의 개수가 999개가 아니라 백만 개라 해도 조밀성을 만족하지 못하겠는데요."

 그렇습니다. 백만 개뿐 아니라 그보다 더 많은 유한개의 숫자가 있더라도 그 수 중에서 바로 옆에 있는 두 수를 선택하면 조밀성을 만족하지 못하는 경우가 생길 테니까요.

 "그러면 데데킨트 선생님, 0과 1 사이의 짧은 구간에 숫자가 무한개가 있다면 되지 않을까요? 만약 셀 수 없이 많은 수가 0과 1 사이에 있다고 한다면 조밀할 것 같은데요!"

 음, 그것도 좋은 아이디어네요. 그럼 그런 경우에 조밀성의 기준을 만족하는지 잘 생각해 봅시다. 그런데 0과 1 사이의 구간에 숫자가 무한개 있는 경우는 여러 가지가 있으므로 좀 더 구체적으로 생각해 봐야 할 것 같네요. 우선 첫 번째 예로, 다음과 같이 분자는 항상 1이고, 분모는 2 이상의 자연수로 이루어진 수가 무한개 있다고 생각해 봅시다. 그러면 이 수들은 모두 0과 1 사이의 구간에 존재하면서, 분모가 커질수록 수 자체는 점점 작아지는 것을 확인할 수 있습니다.

$$\frac{1}{2}, \frac{1}{3}, \frac{1}{4}, \frac{1}{5}, \frac{1}{6}, \frac{1}{7}, \cdots\cdots$$

이 경우에 2개의 수를 어떻게 선택하더라도, 반드시 그 사이에 다른 수가 존재한다고 할 수 있을까요? 비록 위와 같이 0과 1 사이에 무한히 많은 수가 있다고 하더라도 그중 $\frac{1}{4}$과 $\frac{1}{5}$처럼 순서상 바로 옆에 있는 두 수를 선택하면 결과가 어떨까요?

"$\frac{1}{4}$과 $\frac{1}{5}$ 사이에는 또 아무런 수도 없게 되겠지요. 그럼 또 조밀성을 만족하지 않는군요."

두 수 사이에는 다른 수가 없다.

아쉽게도 그렇답니다. 0과 1 사이에 무한히 많은 수가 있는데도 불구하고, 조밀성의 기준을 만족하지 못한다는 것이 조금 이상하게 생각될 수도 있는데요. 하지만 '조밀성'이라는 것이 그만큼 엄격한 기준을 통과해야만 가질 수 있는 성질이라고 생각해 주었으면 해요.

"네, 데데킨트 선생님. 정말 0과 1 사이에 있는 수의 집합 중 조밀성을 갖는 경우를 찾는 것은 생각보다 꽤 어려운 것 같아요. 하지만 무리수는 그런 조밀성을 갖는 거지요?"

네, 그렇습니다. 방금 예는 0과 1 사이의 구간에 숫자가 무한개 있어도 조밀성을 만족하지 않는 경우였지만, 0과 1 사이의 모든 무리수의 경우에는 개수도 무한개이고, 조밀성을 만족하기도 하지요. 어떤 두 실수 사이에도 무리수는 항상 존재하거든요.

"선생님, 지금까지 0과 1 사이의 숫자가 80개 있는 경우부터 시작해서 심지어 무한개 있는 경우에도 조밀성을 계속 만족하지 않았는데요. 무한개이긴 하지만 0과 1 사이에 들어 있는 모든 무리수 집합은 조밀성을 만족한다는 게 왠지 확신이 안 들어요. 진짜 그런가요?"

그렇다니까요. 그럼 먼저 서로 다른 두 무리수 사이에 반드시 다른 무리수가 있다는 것을 살펴볼까요? 아주 가까운 두 무리수를 한번 떠올려 보세요.

"음, $\sqrt{0.001}$과 $\sqrt{0.002}$요."

좋습니다. 근호 안의 수를 좀 더 간단히 할 수도 있지만 지금은 그냥 두고 두 무리수 사이에 다른 무리수를 찾아보도록 하지요. 바로 두 수의 중간값인 $\dfrac{\sqrt{0.001}+\sqrt{0.002}}{2}$가 두 수의 사이에 있는 대표적인 무리수가 되겠네요.

"어, 방법이 굉장히 간단하네요. 좀 싱거워요."

그렇다면 무리수의 조밀성의 실제 기준으로 따져 볼까요?

사실 무리수가 조밀하다는 것은 서로 다른 두 무리수 사이가 아니라 서로 다른 두 실수 사이에 무리수가 항상 존재한다는 것이거든요. 그러니까 서로 다른 두 무리수 사이, 무리수와 유리수 사이, 서로 다른 두 유리수 사이에 항상 무리수는 존재한답니다. 서로 다른 두 무리수나 서로 다른 무리수와 유리수의 경우에는 방금처럼 중간값을 이용하여 그 사이에 존재하는 무리수를 쉽게 찾을 수가 있는데요. 조금만 더 신경을 쓰면 서로 다른 두 유리수 사이에서도 무리수가 존재하는 것을 알 수 있을 겁니다. 잘 생각해 보세요.

"그럼 0.01과 0.011같이 가까운 두 유리수 사이에도 무리수가 들어 있다는 말씀인가요?"

그렇습니다. 무리수는 조밀성을 만족하니까요. 그럼 실제로 그런 무리수를 확인해 볼까요?

먼저 0.01과 0.011의 차를 구하면 $0.011 - 0.01 = 0.001$이 나옵니다. 두 수의 차인 0.001보다 조금 작은 무리수는 어떻게 있을까요? 하나만 떠올려 보세요.

"음, 0.001의 $\frac{1}{2}$인 수는 안 되나요?"

글쎄요. 0.001의 $\frac{1}{2}$인 수, $\frac{1}{2} \times 0.001 = 0.0005$는 0.001보다

작긴 하지만 무리수가 아닌 점이 아쉬운데요.

"어, 그럼 0.001의 $\sqrt{\frac{1}{2}}$인 수, $\sqrt{\frac{1}{2}} \times 0.001$은 안 되나요? $\sqrt{\frac{1}{2}} < 1$이니까 $\sqrt{\frac{1}{2}} \times 0.001$은 0.001보다 작고, 또 $\sqrt{\frac{1}{2}}$ 덕분에 무리수가 되잖아요."

그렇군요. 그럼 $\sqrt{\frac{1}{2}} \times 0.001 = \frac{\sqrt{2}}{2} \times \frac{1}{1000} = \frac{\sqrt{2}}{2000}$이므로 $\frac{\sqrt{2}}{2000}$를 이용해 0.01과 0.011 사이의 무리수를 만들어 보세요.

"음……. 결국 $\frac{\sqrt{2}}{2000}$는 두 수 0.01과 0.011의 차보다 작으니까 작은 수 0.01에 $\frac{\sqrt{2}}{2000}$를 더하면 되지 않을까요?"

잘 생각했습니다. 같은 방법으로, 큰 수 0.011에 $\frac{\sqrt{2}}{2000}$를 빼도 되지요. 그래서 0.01과 0.011 사이의 수 중에서 다음과 같은 무리수를 찾을 수 있게 됩니다.

$$0.01 + \frac{\sqrt{2}}{2000} \text{ 또는 } 0.011 - \frac{\sqrt{2}}{2000}$$

"휴우, 조금 어렵긴 했지만 이제 0과 1 사이의 무리수는 정말 조밀하다는 걸 알 것 같네요."

다행이군요. 그런데 0과 1 사이의 무리수뿐만 아니라 0과 0.1 사이같이 더 짧은 구간의 무리수, 혹은 0과 100 사이같이 더 큰 구간의 무리수, 심지어 무리수 전체 집합도 모두 조밀성을 갖는답니다. 편리성을 위해서 0과 1 사이의 무리수만 예로 든 것뿐이지요. 그리고 덧붙여 말하자면 전체 자연수나 정수는 각각 무한히 많은 수로 이루어진 무한집합이지만 조밀성은 갖지 않는답니다. 왜 그런지는 이제 여러분도 잘 알 것 같은데, 어때요?

"당연하죠, 자연수는 무한히 많긴 해도 연속된 자연수, 예를 들어 1과 2 사이에 존재하는 다른 자연수가 없잖아요. 정수도 마찬가지로 연속된 정수인 −1과 0 사이에 존재하는 다른 정수가 없고요."

훌륭해요. 아주 잘 알고 있네요. 이전에 0과 1 사이의 구간에 무한히 많은 수가 있는 경우에도 조밀성을 만족하지 않는 경우가 있었듯이 자연수나 정수가 무수히 많은 수로 이루어진 무한집합이라고 해서 조밀성을 갖는 건 아니지요.

"그럼요, 조밀성을 가지려면 수의 간격이 매우 조밀해야 하잖아요."

하하하, 맞습니다. 즉, 자연수와 정수처럼 연속된 수의 간격이 1인 경우는 조밀성을 만족할 수가 없겠지요.

"그렇군요. 처음에는 어렵게만 느껴졌던 수의 조밀성에 대해

이젠 자신감마저 생기는걸요. 그럼 데데킨트 선생님, 조밀성을 만족하는 수의 집합은 무리수와 실수인 거네요. 오늘 수업은 여기서 끝! 안녕히 계세요."

어? 아닙니다. 유리수도 조밀성을 갖지요. 수직선 위에서 서로

다른 두 수에 해당하는 점을 잡을 때 그 두 점 사이가 아무리 좁더라도 그 사이에는 유리수에 해당하는 점이 꼭 있거든요. 그리고 일단 그 사이에 다른 수, 예를 들어 유리수에 해당하는 점이 1개가 존재한다면 연쇄 반응에 의해 처음 두 점 사이에는 유리수에 해당하는 점이 1개가 아니라 무수히 많이 존재하게 됩니다.

"어, 데데킨트 선생님. 유리수의 조밀성은 서로 다른 두 실수 사이에 유리수가 항상 존재하는 것인데, 그 개수가 1개가 아니라 무수히 많다고요? 왜 그렇지요?"

연쇄 반응의 예를 들어 보면 쉽게 알 수 있는데요. 예를 들어 0과 0.1 사이에는 반드시 어떤 유리수가 존재합니다. 한번 찾아볼까요?

"음, 0과 0.1의 정 가운데 수인 $\frac{0+0.1}{2}=0.05$ 어때요?"

두 수의 사이에 있는 수이므로 좋습니다. 그럼 두 번째 단계로 원래 수 0과 그다음 찾은 수 0.05 사이에도 반드시 어떤 유리수가 존재합니다. 예를 들면요?

"또 두 수의 정 가운데 수인 0.025가 있겠지요."

아주 잘했습니다. 그럼 세 번째 단계로, 원래 수 0과 0.025 사이에도 반드시 어떤 유리수가 존재합니다. 또 예를 들어 볼까요?

"음, 0과 0.025의 정 가운데 수를 구하려면 두 수를 더해서 2로 나누어야 하니까 $\frac{0+0.025}{2}=0.0125$가 있겠군요."

그렇습니다. 그런데 이 단계는 연쇄적으로 무한히 반복할 수 있습니다. 그렇다면 0과 0.1 사이의 수 역시 무한히 찾아낼 수 있겠지요.

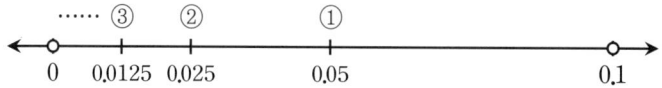

"우아, 정말 그렇군요. 게다가 두 번째 단계에서 원래 수 0과 0.1 사이의 수가 아닌 0과 0.05 사이의 수를 찾을 수도 있으니까 0과 0.1 사이의 수는 정말 무수히 많겠어요. 결국 유리수가 조밀성을 만족한다는 것은 서로 다른 두 수 사이에 유리수가 1개가 아닌 무한개 존재한다는 뜻이군요."

그렇지요. 유리수의 조밀성에 의해 여러분이 아무리 가까운 두 수를 실제로 제시한다고 해도 두 수 사이에는 유리수가 존재하고, 그 개수는 사실 단 1개가 아니라 무한히 많다는 겁니다. 물론 이것은 무리수와 실수의 경우에도 마찬가지이고요. 다시 한번 예를 들어 0.000001과 0.000002는 서로 꽤 가까운 수이지만 그 사이에는 0.0000011, 0.00000111, 0.000001111, ……과 같이 무한히 많은 유리수가 존재하는 것을 볼 수 있지요. 무리수도 마찬가지로 $\sqrt{2}$와 $\sqrt{2}+0.00001$은 서로 꽤 가까운 수이지만 그 사이에는 $\sqrt{2}+0.000001$, $\sqrt{2}+0.0000011$, $\sqrt{2}+0.00000111$, $\sqrt{2}+0.000001111$, ……과 같이 무한히 많은 무리수가 존재하고요.

"그렇군요. 으윽, 약간 머리가 복잡해지려고 해요. '수의 조밀

성'은 확실히 일상생활에서 쓰는 오밀조밀하다는 표현보다 꽤 어려운 것 같아요."

너무 한숨 쉬지 말고, 다시 한번 곰곰이 생각해 보도록 하지요. 유리수의 조밀성도 오밀조밀하다는 친숙한 표현을 이용해 더 쉽게 이해할 수 있을 거예요. 예를 들어 '유리수는 서로 매우 오밀조밀하게 붙어 있어서 임의로 두 수를 잡아도 그 사이에는 유리수가 반드시 있게 마련이다. 그래서 유리수는 조밀성을 가지고 있다는 것이다.'라는 식으로 말이지요.

"확실히 조밀성은 실생활에서 경험하기 힘들어서 알쏭달쏭하긴 하지만 그만큼 알면 알수록 재미있는 개념 같아요. 쪼개고 쪼개도 그 사이에 계속 수가 존재한다니……. 마치 수가 요술을 부리는 것 같아 신기하네요."

하하하, 그렇게 생각할 수도 있겠네요. 하지만 없던 수가 새로 생기는 것은 아니고, 처음부터 유리수와 무리수는 그만큼 조밀하게 존재했던 것이죠.

"그렇군요. 그런데 데데킨트 선생님, 일상생활에서 조밀성을 가진 예로 생각난 게 한 가지 있어요."

그래요? 어서 얘기해 봐요.

"시간이요. 오늘 오전 11시와 11시 10분 사이에는 11시 5분이라는 또 다른 시간이 존재하잖아요. 심지어 11시와 11시 1분 사이에도 11시 30초라는 시간이 존재하고요. 또 잘 느끼지는 못하지만 11시와 11시 1초 사이에도 분명히 11시 0.5초라는 시간이 존재하니까요. 이 정도면 시간도 조밀성을 만족하지 않나요?"

그렇습니다. 실제로 '시간'은 조밀성을 만족하며, 그 외에도 실수와 같은 여러 성질을 가진답니다. 왼쪽에서 오른쪽으로 점점 커지는 수직선과 대응하는 실수처럼 시간도 과거에서 미래를 향해 흐르는 일정한 방향이 있습니다. 시간의 흐름은 이러한 조밀성과 방향성 외에도 끊어지지 않고 연속되는 성질을 가지는데, 그것은 실수도 마찬가지입니다. 그런 성질을 실수의 연속성, 더 정확히 말해서 완비성이라고 하지요. 재미있는 사실은 무리수, 유리수, 실수 모두 조밀성은 가지지만 완비성은 실수만이 가지는 고유한 성질이라는 것입니다. 한마디로 완비성은 실수를 무리수, 유리수와 구분 짓게 하는 독특한 성질인 것이지요.

"데데킨트 선생님, 그런데 조밀성과 완비성이 어떻게 다른 거죠? 제가 생각하기에는 유리수처럼 조밀성을 가지고 있으면 거의 연속일 것 같은데요. 아주 가까운 두 유리수 사이에도 다른 유리수가 무한히 존재하잖아요. 그렇게 유리수가 조밀하게 존재하면 유리수도 연속인 것 아닌가요?"

물론 그런 생각이 들 수도 있어요. 하지만 실수의 완비성에

대해 좀 더 알면 그렇지는 않다는 것을 알게 될 겁니다. 실수의 완비성은 쉽게 말하면 '실수 사이에는 빈틈이 없다.'라는 것입니다. 그러면 유리수 사이에도 실수처럼 빈틈이 없을까요?

"글쎄요. 빈틈이 있지 않을까요? 실수는 유리수와 무리수의 합집합이니까, 유리수가 조밀성을 만족할 정도로 아무리 많다고 해도 유리수 사이에는 무리수가 있잖아요."

그렇습니다. 예를 들어 무리수 $\sqrt{2}$를 떠올려 보세요. 1.4는 $\sqrt{2}$

보다 작은 유리수이고, 1.5는 √2보다 큰 유리수예요. 그러면 1.4부터 1.5까지의 유리수가 모두 연속되어 있다고 말할 수 없게 됩니다. 그 사이에는 그 값이 약 1.414인 무리수 √2가 존재해서 1.4와 1.5 사이를 끊어 놓으니까요.

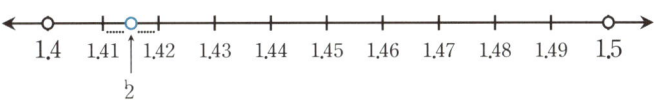

사실 두 유리수 1.4와 1.5 사이에 있는 무리수는 '무리수의 조밀성'에 의해 √2뿐만 아니라 무수히 많다는 것도 알 수 있지요.

"그런데 그건 무리수도 마찬가지겠네요? 두 유리수 사이를 무리수가 끊어 놓듯이, 두 무리수 사이에도 반드시 유리수가 존재해서 두 무리수 사이를 끊어 놓을 테니까요."

맞습니다. 그래서 무리수와 유리수는 조밀성을 갖지만 완비성은 갖지 못한답니다. 다시 한번 말하지만 실수만이 유일하게 완비성을 갖는 것이지요. 그런데 '완비完備성'이란 말이 조금 딱딱하지요? 완비성이란 말이 한자어라서 그래요. 여러분이 쉽게 이해하기 위해서는 한자도 알아야겠지요?

> **Tip**
> **데데킨트 선생님의 한자 교실**
>
> 完 ➡ 완전할 완
> 備 ➡ 갖출 비

한자를 풀이하면 完완전할 완, 備갖출 비, 즉 '완전히 갖추었다.' 라는 뜻이지요. 용어로는 좀 어렵지만 수직선을 이용하면 이런 실수의 완비성을 좀 더 직관적으로 느낄 수 있습니다. 실수는 수직선과 일대일대응을 이루므로, 모든 실수를 수직선 위의 점에 하나하나 대응시키면 그 점들의 집합은 한 개의 빈틈도 없는 실선이 되어 결국 수직선과 일치하게 되지만 유리수나 무리수는 그렇지 않지요. 모든 유리수를 수직선 위의 점에 하나하나 대응시키면 그 점들은 매우 조밀하게 수직선 위에 존재하지만 아무리 가까운 두 점끼리도 서로 연속해서 붙어 있지 않고 그 사이에 반드시 틈이 생깁니다. 결국 유리수를 수직선 위에 나타내면 실선이 아닌 점선이 생기게 되겠지요.

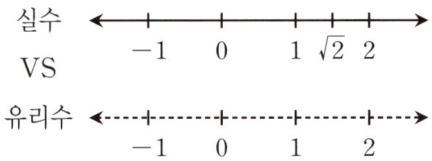

"그렇군요. 이제 완비성은 유일하게 실수만 가지는 성질이라는 것을 확실히 알 것 같아요."

사실, 이러한 실수의 완비성을 직관적으로 이해할 수는 있어도 확실한 정의를 내리는 것은 쉬운 일이 아니랍니다. 실제로, 나 데데킨트 이전 시대의 사람들은 실수의 완비성과 관련하여 명확하게 수학적인 정의를 내리지는 못했지요.

"그럼 데데킨트 선생님이 실수의 완비성에 대해 명확한 수학적 정의를 내리신 거군요. 오, 대단하신데요!"

별말씀을요. 나야말로 내가 한 일을 여러분에게 알려 줄 수 있게 되어서 매우 기쁩니다. 자, 그럼 무리수의 조밀성에 대한 수업은 여기까지 하고 다음 수업에서 더 새로운 이야기를 나누어 보도록 하지요.

수업정리

❶ 0과 1 사이의 어떤 수의 집합 A가 조밀성을 가지려면 0과 1 사이에 존재하는 임의의 두 실수 사이에 집합 A의 원소가 항상 존재해야 합니다.

❷ 유리수, 무리수, 실수는 조밀성을 가지는 대표적인 수의 집합입니다.

❸ 임의의 두 실수 $a, b(a<b)$ 사이에 존재하는 무리수는 다양한 방법으로 찾을 수 있습니다. 그중 한 가지 방법을 소개하면 다음과 같습니다.

① 두 실수 a, b 중 적어도 1개가 무리수인 경우

 : a, b의 중간값인 $\dfrac{a+b}{2}$

㉮ i) $\sqrt{0.001}, \sqrt{0.002}$ ➡ $\dfrac{\sqrt{0.001}+\sqrt{0.002}}{2}$

 ii) $1.4, \sqrt{2}$ ➡ $\dfrac{1.4+\sqrt{2}}{2}$

② 두 실수 $a, b(a<b)$가 모두 유리수인 경우

 : a, b의 차인 $b-a$보다 작은 $\dfrac{\sqrt{2}}{2}(b-a)$를 이용하여

$a+\dfrac{\sqrt{2}}{2}(b-a)$ 또는 $b-\dfrac{\sqrt{2}}{2}(b-a)$

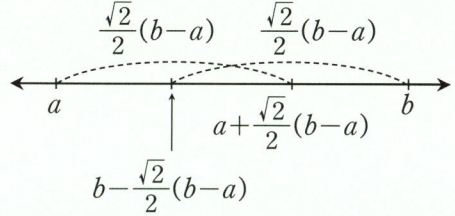

㉔ $0.01,\ 0.011$

➡ $0.01+\dfrac{\sqrt{2}}{2}\times 0.001$ 또는 $0.011-\dfrac{\sqrt{2}}{2}\times 0.001$

4교시

무리수인지 어떻게 알까?
- 무리수 증명의 어려움

다양한 무리수의 역사와 특징에 대해 알아봅니다.

수업 목표

1. 원의 내접다각형과 외접다각형을 이용하여 π의 값을 구하는 방법을 말할 수 있습니다.
2. 무리수의 부분집합인 초월수에 대하여 설명할 수 있습니다.

미리 알면 좋아요

1. **원주율** 원둘레와 지름의 비, 약 3.14. 원의 지름을 1로 보았을 때, 원의 둘레의 길이를 나타내는 숫자로, 고대부터 정확한 원주율의 값을 알기 위한 노력이 계속되었습니다.

2. **정수계수 대수방정식**
   ① 방정식 : 어떤 문자가 특정한 값을 취할 때에만 성립하는 등식
   (예) $3x-6=0$, $2x^2-x-6=0$, $\frac{1}{2}x^3-2x+1=0$
   ② 계수 : 위 방정식의 예에서 각 문자 앞의 숫자
   (예) $\frac{1}{2}x^3-2x+1=0$에서 x^3의 계수는 $\frac{1}{2}$, x의 계수는 -2
   ③ 정수계수 대수방정식 : 계수가 모두 정수로 이루어진 방정식
   (예) $3x-6=0$, $2x^2-x-6=0$

3. **일차방정식** 미지수 x의 가장 높은 차수의 항이 일차인 방정식
   (예) $3x-6=0$, $2x+1=0$

4. **이차방정식** 미지수 x의 가장 높은 차수의 항이 이차인 방정식
   (예) $2x^2-x-6=0$, $x^2-4x-12=0$

데데킨트의 네 번째 수업

"데데킨트 선생님, 선생님 덕분에 오늘 친구랑 내기를 해서 제가 이겼어요."

오, 축하할 일이군요. 그런데 무슨 내기를 했나요?

"제 친구가 원주율 π는 3.14니까 유리수라고 하잖아요. 그래서 제가 3.14는 π의 근삿값이고 실제로 원주율 π는 무리수라고 했더니 자꾸 아니라고 해서 결국 내기를 하기로 했지요. 덕분에 공짜로 아이스크림 먹었어요."

그랬군요. 《실수 1 이야기》에서 여러 가지 무리수의 예를 들면서 특이한 무리수 중의 하나로 원주율 π를 소개한 적이 있었는데, 잘 기억하고 있었네요. 그러면 이야기가 나온 김에 이번 시간에는 π를 비롯한 특이한 무리수들에 대해 알아보도록 하지요. 먼저 π의 역사를 살펴볼까요?

"데데킨트 선생님, 원주율 π는 B.C.2000년경 이집트 파피루스에도 기록될 만큼 굉장히 오래전부터 사람들의 관심을 끌었다고 하던데요. 도대체 왜 그렇게 사람들이 많은 관심을 두었던 것이죠?"

왜냐하면 모든 원은 서로 닮은 도형이라서 원주율 π의 값을 알면 원의 지름을 이용해 원의 둘레의 길이를 구할 수 있기 때문이지요. 원주율 π의 정의 자체가 '원의 지름의 길이에 대한 원의 둘레의 길이의 비'이기 때문에 지름의 길이가 a인 원의 둘레의 길이는 πa, 약 $3.14a$인 것을 알 수 있게 되니까요.

"그럼 고대 사람들도 π의 근삿값을 우리처럼 3.14로 사용했던 건가요?"

처음부터 지금과 같이 3.14를 사용하지는 않았지요. B.C. 2000년경, 이집트의 파피루스에는 π의 근삿값을 $\left(\frac{16}{9}\right)^2 ≒ 3.16$으로 기록하였고, π값에 대한 좀 더 자세한 연구는 B.C. 250년경 그리스의 수학자 아르키메데스에 의해 이루어졌습니다. 그럼 잠시 아르키메데스의 방법을 살펴볼까요? 먼저, 다음 그림을 통하여 π값이 3보다는 크고 4보다는 작다는 사실을 알 수 있을 겁니다.

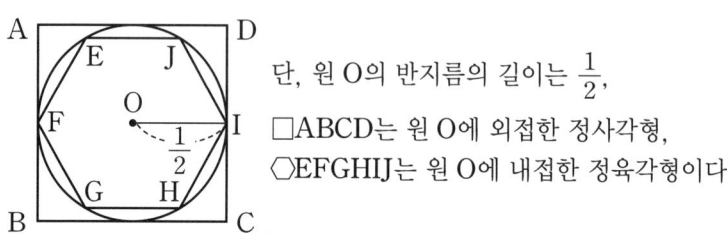

단, 원 O의 반지름의 길이는 $\frac{1}{2}$,
□ABCD는 원 O에 외접한 정사각형,
○EFGHIJ는 원 O에 내접한 정육각형이다.

"데데킨트 선생님, 왜 그런 거죠? 그림에 대해서 좀 더 설명을 해 주세요."

우선 반지름의 길이가 $\frac{1}{2}$인 원에 내접해 있는 정육각형을 살펴보도록 하지요. 이때 정육각형의 내부는 6개의 정삼각형으로 나눌 수 있습니다. 그러면 정삼각형의 한 변의 길이는 어떻게 될까요?

"음, 정삼각형의 한 변의 길이가 원의 반지름의 길이와 같으니까 $\frac{1}{2}$ 아닌가요?"

맞습니다. 그러면 정육각형의 둘레의 길이도 당연히 구할 수 있겠지요.

"음, 정육각형의 한 변의 길이가 정삼각형의 한 변의 길이와 같아요. 그러니까 정육각형의 둘레의 길이의 합은 $6 \times \frac{1}{2} = 3$이겠지요?"

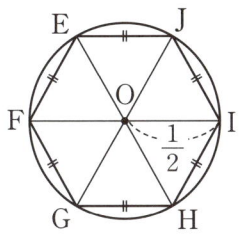

△JOI는 정삼각형이므로 $\overline{JI}=\frac{1}{2}$, 정육각형의 둘레의 길이는 $6\times\overline{JI}=6\times\frac{1}{2}=3$

맞습니다. 그러면 원의 둘레의 길이와 정육각형의 둘레의 길이 중 어느 것이 더 클까요?

"당연히 원의 내부에 있는 정육각형의 둘레보다는 원의 둘레의 길이가 더 크지 않나요?"

맞습니다. 그래서 반지름이 $\frac{1}{2}$인 원의 둘레의 길이인 $2\pi\times\frac{1}{2}=\pi$는 정육각형의 둘레의 길이의 합인 3보다 크답니다.

"아, 그렇군요. 그럼, 원의 외부에 있는 정사각형의 둘레의 길이는 원의 둘레의 길이보다 크겠군요."

맞습니다. 그러면 앞에서 정육각형과 원의 둘레를 비교한 것처럼 정사각형과 원의 둘레를 비교해 볼까요?

"네, 데데킨트 선생님. 정사각형의 한 변의 길이는 원의 지름과 같은 1이니까, 정사각형의 둘레의 길이는 $4\times1=4$가 되잖아요. 결국 π는 정사각형의 둘레의 길이 4보다 작게 되겠네요."

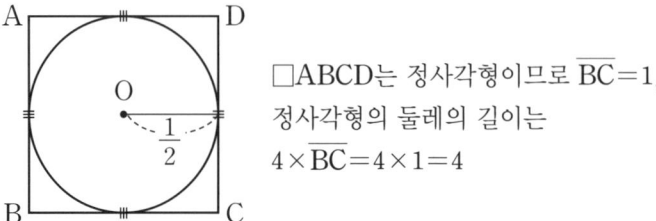

정리를 매우 잘했군요. 결국 지금까지의 이야기를 종합하면 원에 내접하는 정육각형과 원에 외접하는 정사각형의 간단한 그림을 이용해서 다음과 같은 π의 범위를 알 수 있다는 것이지요.

$3 < \pi < 4$

이와 같은 방식으로 아르키메데스는 원에 내접하는 다각형과 외접하는 다각형의 둘레의 길이를 이용하여 π의 범위를 알아냈답니다. 아르키메데스는 원에 내접하는 정육각형과 외접하는 정육각형을 시작으로 정12각형, 정24각형, 정48각형, 정96각형에 이르기까지 정다각형의 변의 개수를 계속 두 배로 만들었습니다. 이렇게 만든 원에 내접하는 정96각형과 외접하는 정96각형의 둘레를 구하여 아르키메데스는 결국 다음과 같이 정교한 π의 범위를 알아냈지요.

"우아, 실제 π의 근삿값이 3.1415……인데, B.C.250년경에도 이렇게 정확하게 π의 근삿값을 알아냈다니 정말 아르키메데스가 존경스럽네요."

그렇습니다. 하지만 인류의 호기심은 끝이 없었지요. 거기에 만족하지 않고 그 이후로도 그 값을 더 자세히 알아내려는 노력은 계속되었습니다.

"저라도 그랬을 것 같아요. 궁금한 게 있으면 얼마나 참기 힘든데요. 또 복잡하긴 하지만 조금만 더 노력하면 π의 값을 더 확실히 알아낼 것 같기도 하고요. 아까처럼 그림을 그려 보면 되는 거잖아요. 물론 정96각형의 둘레의 길이를 구한다는 게 말처럼 쉽지는 않겠지만요."

그렇습니다. 사실 아르키메데스의 아이디어 자체는 간단하여 이해하기가 쉽지요. 복잡한 계산만 잘 해낼 수 있다면 위와 같이 내접, 외접다각형을 좀 더 자세히 그려서 π의 값을 원하는 만큼 정확하게 구해 낼 수도 있을 겁니다. 그러한 노력은 실제로 아르키메데스 이후에도 계속되었고, 16세기 독일의 루돌프는 정2^{62}각형을 이용하여 π의 값을 계산해 내기도 했답니다.

"어휴, 2^{62}각형이면 도대체 얼마나 복잡한 거지? 2^{10}1024이 약 1000이니까 2^{62}이면 1000^6이 넘는 어마어마한 수잖아요. 정말 끈기가 대단하네요! 저는 그냥 π의 근삿값을 3.14로 만족하고 살래요."

물론 아르키메데스의 아이디어만 이해해도 충분히 훌륭하답니다. 그리고 17세기 이후에는 미적분법의 발견으로 내접, 외접다각형을 이용하지 않고도 π값을 계산하기 쉬워졌고요. 지금에 와서는 π값을 더이상 손으로 계산하지 않고 슈퍼컴퓨터를 이용해서 구하고 있지요. 슈퍼컴퓨터를 이용하여 이미 π의 값을 소수점 아래 200조 자리까지 계산해 내기도 했답니다.

"우아, 소수점 아래 200조 자리라니……. 정말 대단하군요. 그런데 데데킨트 선생님, 사실 π가 대표적인 무리수라는 것은

알고 있는데요. 실제로 왜 무리수인지는 잘 모르겠어요. $\sqrt{2}$처럼 증명해 주시면 안 되나요?"

사실 π가 무리수라는 것을 증명한 것은 π의 역사에 비해 오래되지 않았습니다. 18세기 수학자 램버트가 π가 무리수인 것을 처음으로 증명한 이후에도 여러 가지 방법으로 증명이 되었는데요. 대표적인 방법 중 하나가 미적분의 방법과 귀류법이라는 틀을 이용하여 π^2이 무리수인 것을 보이는 것입니다. π^2이 무리수이면 그 결과 π도 당연히 무리수가 되니까요. 그런데 그 내용이 미적분을 이해하는 고등학생, 대학생 들도 쉽게 이해하기는 어려운 수준이라서 좀 안타깝네요. 다른 방법으로는 이미 증명된 '$\tan x = y$에서 x가 0이 아닌 유리수일 때 y는 무리수이다.'라는 정리를 이용할 수도 있습니다. $x = \pi$를 대입하면 $\tan \pi = 0$이므로 이 정리에 의해서 π는 무리수인 것을 알 수 있지요.

"그렇게 복잡한 증명으로 되어 있다니 좀 아쉬워요. 역시 잘 알려지지 않은 이유가 있는 것이군요."

그럼 이번에는 π 말고 e라는 무리수에 대해 알아보면 어떨까요? 상수 e는 고대인들도 잘 알고 있던 무리수 π와는 달리

400년 전만 해도 사람들이 거의 알지 못했던 무리수였지요. 하지만 미적분학의 발달과 더불어 자연로그의 밑으로 사용되는 상수 e는 인구 증가, 복리 계산, 반감기를 갖고 있는 화학 성분이 남아 있는 양 등 우리가 잘 느끼지는 못하더라도 실생활과 매우 밀접한 관계를 가지고 있는 수랍니다. 중학교에서는 등장하지 않지만 고등학교에 가면 다루게 되는 대표적인 무리수이지요.

"그런데요, 선생님. e도 π처럼 무리수라는 것을 증명하는 것은 어려운가요?"

e가 무리수라는 것은 오일러라는 수학자가 처음 증명했는데 이 증명도 역시 귀류법을 이용한답니다. 역시 대학교 수준에 해당하는 테일러급수 이론을 알아야 하지만 π의 증명보다는 상대적으로 쉬운 편이지요.

"그래도 어렵긴 마찬가지겠네요. 도대체 π, e는 $\sqrt{2}, \sqrt{3}, \sqrt{5}, \sqrt{7}, \cdots\cdots$과 같은 무리수이면서도 증명이 왜 이렇게 복잡한 거예요? 같은 무리수인데도 너무 차이가 나는 것 같아요."

네, 사실 차이가 있답니다. π, e는 무리수이면서도 대수적 수가 아닌 초월수이거든요.

"데데킨트 선생님, 초월수가 도대체 뭔데요?"

사실 초월수를 알기 위해서는 대수적 수를 먼저 알아야 할 것 같군요. 왜냐하면 초월수란 집합은 실수의 부분집합이면서 대수적 수의 여집합이 되기 때문이지요. 즉, 실수 중에서 대수적 수가 아닌 수를 초월수라고 하는데, 여기에서 대수적 수란 정수계수 대수방정식의 근이 될 수 있는 수를 말한답니다.

"말이 너무 어려워요, 데데킨트 선생님. 좀 더 쉽게 설명해 주세요."

그러면 구체적으로 대수적 수의 예를 들어 볼까요? 일단 모든 유리수는 대수적 수가 된답니다. 왜냐하면 유리수를 근으로 갖는 정수계수 대수방정식이 존재하기 때문이지요. 실제로 $\frac{2}{3}$를 근으로 갖는 방정식은 $3x-2=0$, $-\frac{2}{5}$를 근으로 갖는 방정식은 $5x+2=0$, 이런 식으로 모든 유리수 $\frac{a}{b}$(단, a, b는 정수, $b \neq 0$)에는 $\frac{a}{b}$를 근으로 갖는 일차방정식 $bx-a=0$이 존재하지요. 그러므로 유리수는 모두 대수적 수가 된답니다.

"그럼 $\sqrt{2}, \sqrt{3}, \cdots\cdots$과 같은 무리수는 어떻게 대수적 수가 되는 거지요?"

우선 $\sqrt{2}$는 제곱하면 2가 되는 수이므로 $x^2=2$, 즉 $x^2-2=0$

이라는 정수계수 대수방정식을 갖지요. $\sqrt{3}$을 근으로 갖는 방정식도 $x^2-3=0$, $\sqrt{5}$를 근으로 갖는 방정식도 $x^2-5=0$이 있고요. 이런 식으로 $\sqrt{a}$(단, a는 유리수) 꼴의 무리수를 근으로 갖는 이차방정식 $x^2-a=0$이 존재하므로, $\sqrt{2}, \sqrt{3}, \cdots\cdots$과 같은 무리수도 대수적 수가 된답니다.

"그런데 π나 e는 무리수이면서도 $\sqrt{2}, \sqrt{3}, \cdots\cdots$과는 달리 대수적 수가 아니라는 거죠?"

그렇습니다. 사실 앞서 말했듯이 모든 유리수 $\dfrac{a}{b}$는 일차 정수계수 대수방정식, 즉 계수가 정수인 일차방정식 $bx-a=0$의 근이 되므로 '모든 무리수도 이차 이상의 정수계수 대수방정식의 근이 되지 않을까?'라는 의문은 자연스러운 것이었지요. 실제로 $\sqrt{a}$ 꼴의 무리수는 $\sqrt{a}$를 근으로 갖는 $x^2-a=0$ 같은 이차방정식이 존재했으니까요. 결국 1844년에 이르러 수학자 리우빌은 이 의문에 답을 할 수 있었습니다. 바로 어떤 무리수들은 이차식이건 삼차식이건 절대 정수계수 대수방정식의 근이 될 수 없다는 결론이었지요. 그 결과 알려진 수가 바로 초월수이고요.

"정말 초월수는 이해하기가 너무 어렵네요. 머리가 멈춰 버

릴 것 같아요. 어쨌든 π나 e는 그런 복잡한 초월수니까 대수적 수가 아니라는 것이지요? 그럼 어떻게 머리를 굴리더라도 π나 e를 근으로 하는 대수방정식은 세울 수가 없겠네요."

그렇습니다. 하지만 π나 e가 초월수라는 것을 증명하는 것도 그렇게 쉽게 이루어지지는 않았습니다. 리우빌이 초월수라는 개념을 제시한 후에도 많은 세월이 흘러 1873년 수학자 에르미트가 e가 초월수라는 것을, 이로부터 9년 늦게 수학자 린데만이 π가 초월수라는 것을 증명했지요.

"데데킨트 선생님, 이제 증명 방법은 알고 싶지 않아요. 벌써 충분히 머리가 터질 것 같다고요."

하하하, 이 증명 방법 자체가 쉽지 않으니 여러분 뜻대로 자세한 설명은 다루지 않겠어요. 하지만 유명한 '그리스 3대 난제'와도 관련 있는 π에 대해서는 간략하게 살펴보도록 하지요. 린데만이 π가 초월수라는 사실을 증명한 방법은 대략 다음과 같습니다.

린데만은 먼저 x가 대수적 수라면 이는 방정식 $e^{ix}+1=0$을 만족할 수 없음을 증명합니다. 그런데 이 당시 오일러가 이미 $e^{i\pi}+1=0$임을 보였으므로 π는 당연히 대수적인 수가 아니게 된 것이지요.

이 간단한 증명을 통해, 그리스 3대 난제 중 하나였던 '자와 컴퍼스만을 사용하여 원과 같은 넓이를 갖는 정사각형을 작도하는 문제'가 불가능하다는 것을 증명할 수 있게 되었습니다. 반지름의 길이가 1인 원의 넓이는 π입니다. 주어진 원과 같은 넓이를 갖는 정사각형의 한 변의 길이는 $\sqrt{\pi}$입니다. $\sqrt{\pi}$를 자와 컴퍼스로 작도할 수 있으려면 $\sqrt{\pi}$가 어떤 대수방정식의 근이어야 합니다. 그런데 π부터 대수적인 수가 아니므로 $\sqrt{\pi}$도 대수적인 수가 아닙니다. 결국 그리스의 고전적인 작도법으로는 원과 같은 넓이를 갖는 정사각형을 작도하는 것이 불가능하게 된 것이지요.

"휴우, 그리스 3대 난제가 그때서야 풀렸으면 푸는 데만 2000년도 넘게 걸렸다는 거잖아요."

그렇습니다. 사실 수학에는 아직도 풀리지 않은 가설이 많답니다. 그리고 지금 우리가 알게 된 초월수에도 그런 내용은 많이 있지요. π나 e는 초월수인 것이 증명되었지만 $e+\pi$, 2^e, 2^π, π^e 등이 초월수인지는 아직도 잘 모른답니다.

"그러면 데데킨트 선생님, 지금까지 초월수라는 것이 증명된 수는 π나 e밖에 없는 건가요? 그럼 초월수는 π와 e 외에는 없는 건가요?"

하하하, 그렇지는 않답니다. 사실 초월수는 그 개수가 자연수나 유리수보다도 많답니다. 리우빌이 고안한 방법으로도 π나 e 외에 매우 많은 초월수를 생각해 낼 수 있지요.

0.110001000000000000000001000……은 리우빌이 제시한 최초의 초월수랍니다. 이 초월수의 소수 자리는 대부분 0으로 되어 있지만 소수 1번째, 1×2번째, 1×2×3번째, 1×2×3×4번째, ……와 같은 소수 자리에는 1이 쓰여 있는 수이지요. 하지만 π나 e만큼 실생활과 밀접한 수는 찾기가 힘든 편입니다. 또한 1934년에 수학자 겔폰트와 슈나이더는 'a와 b가 대수적 수라면(단, a는 1이 아닌 양수, b는 무리수) a^b은 초월수이다.'라는 명제를 증명했는데, 그 결과 $2^{\sqrt{2}}$, $\sqrt{2}^{\sqrt{2}}$ 등이 초월수인 것을 알게 되었답니다. 사실 이 명제를 이용하면 초월수를 무수히 많이 만들어 낼 수 있지요.

"초월수는 처음 들어 본 내용이라 초월수가 있어 봤자 몇 개밖에 없을 줄 알았는데, 초월수의 개수가 자연수나 유리수보다도 많다니 정말 믿어지지 않는데요. π나 e만큼 유명한 수들이 없어서 그런 건가?"

워낙에 초월수라는 것이 낯선 개념이라서 그렇게 느껴지기 쉬울 거예요. 사실, 수학자 칸토어가 처음으로 초월수의 개수가 자연수나 유리수보다도 많다는 것을 밝혔을 당시에도 대부분의 사람에게 그것은 엄청난 충격이었답니다. 그러니 지금도 그 사실이 쉽게 믿어지지는 않을 거예요. 하지만 엄연한 사실이랍니다.

"실제로 존재하고, 그것도 굉장히 많이 존재하는데 잘 느껴지지도 않고, 어떤 수가 초월수인지 아닌지도 잘 모르다니 초월수는 정말 희한한 수 같아요. 휴우, 초월수에 관한 내용은 아무래도 제 머리를 초월해 버릴 것 같네요."

지금은 초월수를 처음 만난 상황이니까 '초월수라는 신기한 개념의 수도 있구나.'라고 편하게 받아들였으면 좋겠네요.

"맞아요. 어쨌든 π, e가 무리수 중에서도 $\sqrt{2}$, $\sqrt{3}$, ……과 같이 대수적 수와는 다른 초월수라는 건 좀 신기하게 생각되거든요."

수업 정리

❶ 원에 내접하는 다각형과 외접하는 다각형의 둘레의 길이를 이용하여 원주율 π의 값을 알아낼 수 있습니다. 지름이 1인 원과 내접, 외접다각형에 대하여 다음 부등식이 항상 성립합니다.
(내접다각형의 둘레의 길이) < (지름이 1인 원의 둘레 π) < (외접다각형의 둘레의 길이)

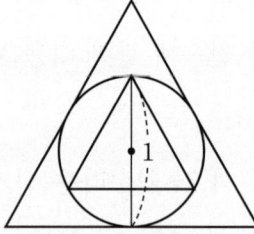
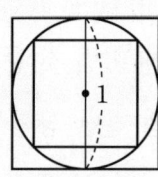
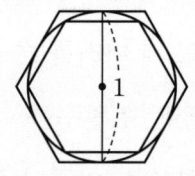
……

❷ 실수는 유리수와 무리수뿐 아니라 대수적 수와 초월수로도 나눌 수 있는데, 초월수는 무리수의 일부분입니다.

❸ 유리수와 $\sqrt{2}, \sqrt{3}$, …… 같은 무리수는 대수적 수이지만 π, e 같은 무리수는 초월수입니다.

5교시

데데킨트의 증명

데데킨트의 절단을 이용해 실수의 정의를 내려 봅니다.

수업 목표

1. 데데킨트의 실수의 정의가 탄생하게 된 배경에 대해 설명할 수 있습니다.
2. 데데킨트 절단을 종류별로 나누어 말할 수 있습니다.
3. 데데킨트 절단을 이용하여 실수를 정의할 수 있습니다.

 미리 알면 좋아요

1. **지수법칙** 같은 문자 또는 수의 거듭제곱의 곱셈이나 나눗셈을 지수의 덧셈과 뺄셈으로 할 수 있다는 법칙

(1) 중학교 때 배우는 지수법칙

$a \neq 0$이고 m, n이 자연수일 때,

① $a^m \times a^n = a^{m+n}$

　　(예) $a^3 \times a^2 = a^{3+2} = a^5$

② $a^m \div a^n = \begin{cases} a^{m-n} & (m>n) \\ 1 & (m=n) \\ \dfrac{1}{a^{n-m}} & (m<n) \end{cases}$

　　(예) $a^5 \div a^3 = a^{5-3} = a^2$

③ $(a^m)^n = a^{mn}$

④ $(ab)^n = a^n b^n$

⑤ $\left(\dfrac{b}{a}\right)^n = \dfrac{b^n}{a^n}$

(2) 고등학교 때는 지수의 범위를 자연수에서 유리수로 확장하여 다음과 같이 소개합니다.

$a^0 = 1 (a \neq 0)$, $a^{-n} = \dfrac{1}{a^n} (a \neq 0)$로 정의하면

$a>0$, $b>0$이고, m, n이 유리수일 때,

① $a^m \times a^n = a^{m+n}$
② $a^m \div a^n = a^{m-n}$
③ $(a^m)^n = a^{mn}$
④ $(ab)^n = a^n b^n$
⑤ $\left(\dfrac{b}{a}\right)^n = \dfrac{b^n}{a^n}$

2. **해석학** 대수학과 기하학에 대하여, 함수의 연속성에 관한 성질을 미분 및 적분의 개념을 기초로 하여 연구하는 수학. 미분적분학, 미분방정식론, 적분방정식론, 집합론, 실함수론, 복소함수론 등이 있습니다.

데데킨트의 다섯 번째 수업

"데데킨트 선생님, 지난 시간에는 내용이 너무 어려웠어요. 이번 시간에는 좀 쉬운 걸로 배우면 안 될까요?"

하하하, 지난 시간에는 π와 e 등 어려운 무리수에 대해 알아보느라 고생이 좀 많았지요? 초월수라는 생소한 개념을 새로 배우기도 했으니까요. 이번 시간에는 3교시 중간에 잠깐 언급했듯이 실수에 대한 나의 정의에 대해 알아보려고 하는데요. 그럼 어려운 이야기보다 조금 편한 이야기부터 시작해 보도록 하겠습니다.

"아, 다행이다. 그런데요, 데데킨트 선생님. 실수는 유리수와 무리수로 이루어져 있고, 사람들은 유리수와 무리수에 대해 기원전에도 이미 알고 있었는데 실수에 대한 정의는 왜 이렇게 늦게 내려졌나요? 선생님은 19세기 사람이시잖아요?"

하하하, 그런 의문이 들 만도 하지요. 그런데 그 의문에 답하려면 그 이전의 수학의 역사를 살펴보는 것이 필요하답니다. 여러분, 혹시 뉴턴에 대해 알고 있나요?

"그럼요, 중력을 발견한 사람이잖아요. 지금까지도 아주 유명한 과학자니까요."

그렇습니다. 뉴턴은 17세기의 위대한 과학자이자 수학자인데요. 뉴턴은 중력뿐만 아니라 수학의 미적분학도 발견했지요. 당시 미적분학의 발견은 사실 수학의 역사에 있어서 매우 충격적인 사건으로 우리의 실생활에도 많은 영향을 끼친 중요한 업적이랍니다. 이런 미적분학을 17세기 말에 두 수학자 뉴턴과 라이프니츠가 같은 시기에, 하지만 서로 독립적으로 발견했답니다.

"그렇군요. 그런데 미적분학이 그렇게 중요한 발견이었나요?"

그렇답니다. 지금까지 많은 훌륭한 수학적 발견이 있었지만 그중에도 미적분학의 발견만큼 다른 분야에 영향력을 크게 미친 것은 드물지요. 미적분학으로 인해 그 이전까지 해결하지 못했던 많은 문제를 풀 수 있었거든요. 풀기 어려웠던 많은 문제를 미적분학 하나로 한꺼번에 해결할 수 있다니, 그야말로 마법의 열쇠와 같았지요.

"이야, 그거 신기한데요. 실제로 미적분학이 어떤 문제들을 해결해 주었던 거지요?"

예를 들면 그 당시까지 해결할 수 없었던 굽은 호의 길이라든가 곡선으로 둘러싸인 영역의 넓이, 모든 종류의 입체 도형의 겉넓이와 부피 등을 미적분학을 이용해 계산할 수 있게 되었습니다. 또 근대 산업 시대에 필요한 변화율의 계산이나 일, 에너지, 힘, 압력, 무게중심, 관성, 중력 등에 관한 물리적 문제 등을 해결하는 데에도 큰 역할을 했지요. 그런 면에서 미적분학은 근대 산업 발달의 학문적인 뒷받침 역할을 해낸 것이지요. 지금에 와서도 미적분학은 고등학교 학생이라면 대부분 배워야 할 정도로 매우 필수적인 수학 내용이 되었고요.

"그렇군요. 그런데 미적분학의 발견이 실수의 정의와 무슨 상관인가요?"

문제는 바로 미적분학의 결과가 너무나 획기적이라는 것이었어요. 그 놀라운 결과에 들뜬 나머지 당시 수학자들은 자연스레 미적분학의 논리적 안정성을 먼저 검토하기보다는 미적분학의 응용에 큰 흥미를 갖게 되었거든요.

"그건 저라도 그럴 것 같아요. 미적분학의 논리적 구조를 일일이 따지는 것보다 그동안 풀리지 않던 문제를 미적분학을 적용해서 풀어 보는 게 더 재미있을 거 아니에요?"

물론 그런 마음이 들 수 있지요. 실제로 당시 수학자들도 그랬으니까요. 하지만 수학을 탑을 쌓는 것에 비유한다면, 기본적으로 한 단계, 한 단계를 모두 엄밀하게, 논리적으로 쌓는 것이 필요하답니다. 이 중에서 어느 한 단계라도 논리적 허점이 발견된다면 그 위에 쌓아 올린 탑은 다 무너지기 때문이지요. 그렇기 때문에 수학에서의 엄밀성은 탑을 무너지지 않고 튼튼하게 쌓아 올리는 중요한 역할을 하고 있습니다.

"수학에서 엄밀성은 마치 벽돌과 벽돌 사이를 튼튼하게 이어 주는 시멘트 같은 존재군요."

그렇다고 볼 수 있지요. 그런데 미적분학의 발견 이후 거의 100여 년 동안 이러한 논리적 엄밀성은 뒤로 미룬 채 응용 위주로만 미적분학이 급속도로 발전했으니 점점 문제가 나타나기 시작한 것입니다.

"그랬군요. 마치 기초 공사가 부실해서 흔들리는 높은 빌딩 같았겠네요. 그래서 어떤 문제들이 생기게 된 것이죠?"

예를 들어 수학에서 지수법칙을 제대로 배우지 않은 학생은 모든 실수 a에 대해 $a^0=1$이라고 생각할 텐데요. 그러면 어떤 문제가 생길까요?

"$0^0=1$이라고 생각할 수도 있겠지요. a는 0이 될 수 없는데 말이에요."

맞습니다. 그런 학생과 같이 수학 연산에서 제한 조건을 알지 못하는 사람은 그 연산이 적용될 수 없는 상황에도 그것을 사용하는 실수를 저지를 수 있는데 당시 수학자들도 그랬답니다. 미적분학에 대한 기본적인 이해가 튼튼하지 못한 상태에서 직관적으로 응용만 열심히 하다 보니 그로 인해 잘못된 결과가 쌓이게 된 것이지요.

"미적분학이란 탑이 흔들리기 시작한 거군요."

그렇습니다. 또한 1874년 독일 수학자 바이어슈트라스가 '모든 점에서 접선이 존재하지 않는 연속 곡선'을 고안하였는데 당시 미적분학으로는 이 연속 곡선을 제대로 설명할 수가 없답니다. 당시까지도 미적분학의 개념과 이론은 실수 체계에 대한 직관적인 기하학적 개념을 바탕으로 한 것이 대부분이었기 때문에 이러한 한계에 부딪힌 것이지요. 결국 미적분학을 받쳐줄 튼튼한 수학적 기초, 엄밀한 실수 체계를 세워야 한다는 생각이 일부 수학자를 중심으로 싹트게 되었답니다.

"그럼 데데킨트 선생님도 그런 수학자 중 한 분이었겠네요."

그렇습니다. 당시에 수학자 바이어슈트라스가 주도한 해석학의 산술화실수 체계를 엄밀하게 전개한 뒤 미적분학을 비롯한 해석학의 모든 기초적인 개념을 실수 체계로부터 유도하자는 큰 계획에 나도 같이 참여했지요. 그 이전까지만 해도 무리수는 '분수로 표현이 안 되는 수' 혹은 '실수 중에서 유리수가 아닌 수'와 같이 엄밀하지 않은 방식으로 알려져 있었답니다. 그러다가 19세기 후반에 해석학의 산술화 같은 일련의 움직임에 의해 극한과 연속 등의 해석학의 여러 개념이 발달하면서 무리수에 대한 해명과 더불어 실수에 대한 엄밀한 정의도 이루어진 것이죠.

"그래서 미적분학이 데데킨트 선생님의 실수에 대한 정의와 관련이 있는 것이었군요."

그렇습니다. 사실 나는 괴팅겐 대학에서 미적분학에 관한 논문으로 박사 학위를 받은 후에 브라운슈바이크 고등기술학교에서 미적분학을 가르치는 교사가 되었거든요. 당연히 미적분학과 그 논리적 엄밀성에 대해 관심이 많았지요. 나는 미적분학의 개념이 엄밀성을 가지려면 기하학의 도움을 받지 않고 산술만으로도 나타낼 수 있어야 한다고 생각했습니다. 그리고 실수가 유리수와 다른 점이 무엇인가에 대해 계속 생각한 결과 실수만이 가지고 있는 '완비성연속성'에 주목하였고, 이 완비성에 대해 수학적으로 명확한 정의를 내리기가 무척 어렵다는 것을 알게 되었지요. 당시만 해도 갈릴레이와 라이프니츠는 직선 위에서 점의 연속성을 점의 조밀성어떤 두 점을 잡더라도 그 사이에는 반드시 또 다른 점이 존재한다 때문이라고 생각했거든요.

"어, 그건 아니잖아요."

그렇지요. 유리수는 이런 조밀성이 있어도 완비성연속성을 갖고 있지는 않으니까 말이지요. 그래서 당시 나는 이 문제를 깊이 생각한 끝에, 직선의 연속성의 본질은 '선분은 그 위에 있는 한 점에 의해 두 부분으로 분할된다.'라는 조밀성에 오히려 반대되는 성질에서 나온다는 결론을 내렸습니다. 이런 분할과 관련된 생각을 좀 더 다듬어서 데데킨트 절단이 만들어진 것이지요.

"선생님, 데데킨트 절단이 도대체 어떤 것이지요?"

나 데데킨트가 실수의 엄밀한 정의를 내렸다는 것은 여러분도 이미 알고 있을 거예요. 그런데 실수를 정의하는 방법으로 내가 사용한 것이 바로 '절단'이라는 개념이기 때문에 '데데킨트 절단'이라는 이름이 붙은 것이지요.

"절단이라면 무엇인가를 잘랐다는 의미인가요?"

맞습니다. 데데킨트 절단의 중심 아이디어는 전체 유리수 집합 Q를 서로소인 두 개의 집합 A, B로 자르는 것, 즉 절단하는 것이니까요. 이때, A, B의 조건을 좀 더 정확하게 말하면

(i) A와 B는 공집합이 아니고,
(ii) $A \cup B = Q$이고,

(ⅲ) A의 원소는 어느 것이나 B의 원소보다 작아야 합니다.

데데킨트 절단

전체 유리수 집합 Q를 다음 조건을 만족하는 서로소인 2개의 집합 A, B로 절단하는 것을 말합니다.
(ⅰ) A와 B는 공집합이 아니고,
(ⅱ) A∪B=Q이며,
(ⅲ) A의 원소는 어느 것이나 B의 원소보다 작아야 합니다.

"그러니까 수직선상에 유리수만 있을 때 칼로 어느 부분이든 딱 잘라서 작은 수가 있는 왼쪽의 유리수들은 집합 A, 큰 수가 있는 오른쪽의 유리수들은 집합 B로 한다는 것이지요?"

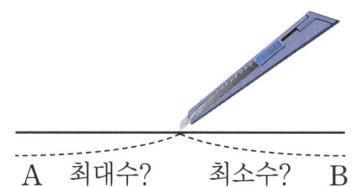
A 최대수?   최소수? B

 데데킨트 절단을 쉽게 잘 이해했네요. 그런데 조밀성을 가지고 있는 전체 유리수 집합을 하나의 유리수도 놓치지 않고 집합 A와 B로 자르려면 굉장히 예리한 칼이 있어야 할 거예요. 상상할 수 없을 정도로 말이에요. 어쨌든 재미있는 발상이군요. 자, 그럼 다시 집합 A와 B에 대해 생각해 보겠는데요. 여러분, 집합 A는 최소수가 있을까요, 최대수가 있을까요?

 "집합 A의 원소는 어느 것이나 B의 원소보다 작다고 했잖아요. 그러면 수직선에서 딱 잘랐을 때 왼쪽 부분인데 최소수는

없지요. 최대수가 있지 않을까요?"

 최소수가 없다는 것은 맞습니다. 하지만 최대수는 있을 수도 있고 없을 수도 있습니다. 예를 들어 집합 B가 1보다 크거나 같은 유리수라면 집합 A는 1보다 작은 유리수가 되지요. 그때, 최대수는 어떻게 될까요?

 "음, 0.9도 아니고, 0.99도 아니고, 0.99999도 아니고……. 정말 집합 A의 최대수를 정확하게 찾을 수가 없네요."

그렇지요. 하지만 집합 B가 1보다 큰 유리수이고 집합 A는 1보다 작거나 같은 유리수라면 집합 A의 최대수는 1이 되겠지요.

"아하, 데데킨트 절단은 그렇게 다양한 방법으로 유리수 집합을 2개의 집합으로 잘라 보는 것이군요. 그러면 집합 B도 수직선의 오른쪽에 있는 집합이니까 최대수는 아예 없고 최소수는 있거나 혹은 없거나 하겠네요?"

아주 잘 정리해 주었습니다. 그래서 데데킨트 절단에 의해 생기는 두 집합 A, B는 다음과 같은 네 가지 경우로 나누어 볼 수 있습니다.

(1) A에 최대수가 있고, B에 최소수가 없다.
(2) A에 최대수가 없고, B에 최소수가 있다.
(3) A에 최대수가 없고, B에 최소수가 없다
(4) A에 최대수가 있고, B에 최소수가 있다.

그런데 (4)의 경우는 모순이 발생한답니다. A의 최대수를 a, B의 최소수를 b라고 하면 유리수의 조밀성에 의해 두 유리수

a, b 사이에는 $\frac{a+b}{2}$라는 또 다른 유리수가 있는데, 유리수 $\frac{a+b}{2}$는 A의 원소도 아니고 B의 원소도 아니기 때문에 데데킨트 절단의 조건 (ii) A∪B=Q를 만족하지 않게 되니까요.

"(4)의 경우는 제대로 데데킨트 절단을 했다면 나올 수 없는 경우가 되겠네요."

그래요. 그럼 남은 경우는 (1), (2), (3)인데, 그중 (1)과 (2)는 유사하므로 (2)를 제외한 (1), (3) 두 경우만 생각해 보도록 하지요.

"그런데요, 데데킨트 선생님. (1)의 경우는 쉽게 예가 생각이 나거든요. 아까처럼 집합 A를 1보다 작거나 같은 유리수라고 하고, 집합 B를 1보다 큰 유리수라고 하면 A에는 최대수 1이 있고, B는 최소수가 없게 되니까요."

그렇지요. B의 최소수를 1.001이라고 할 수도 없고, 1.0001이라고 할 수도 없으니까요.

"하지만 (3)의 경우는 예를 들 수 없을 것 같아요. 집합 A, B 둘 다 최대수와 최소수가 없을 수가 있나요? 예를 들어 집합 A를 1보다 작은 유리수, 집합 B를 1보다 큰 유리수라고 할 수는 없잖아요. 1이 A에도 못 끼고, B에도 못 끼니까요."

그런 고민이 되는 것은 이해하지만 실제로 (3)의 경우는 무수히 많이 존재한답니다. 한번 예를 들어 볼까요? 먼저 집합 B를 '제곱하면 2보다 큰 양의 유리수의 집합'이라고 합시다. 그러면 집합 A는 '제곱하면 2보다 작거나 같은 양의 유리수와 0, 음의 유리수를 합한 집합'이 되지요.

> **쏙쏙 이해하기**
>
> 데데킨트 절단에 의해 생기는 두 집합 A, B는 다음과 같은 네 가지 경우로 나누어 볼 수 있습니다.
> (1) A에 최대수가 있고, B에 최소수가 없다.
> (2) A에 최대수가 없고, B에 최소수가 있다.
> (3) A에 최대수가 없고, B에 최소수가 없다
> (4) A에 최대수가 있고, B에 최소수가 있다.

"진짜 이 두 집합 A, B가 데데킨트 절단이 될 수 있다는 건가요?"

한번 확인해 볼까요? 먼저 집합 A, B 둘 다 공집합은 아니네요. 또 집합 A 또는 집합 B에 속하지 않는 유리수는 없으니까 A∪B=Q가 되고, A의 모든 원소는 B의 어떤 원소보다도 작네요. 그럼 두 집합 A, B는 데데킨트 절단이 될 수 있겠지요.

"그럼 데데킨트 선생님, A 집합에 최대수가 있지 않을까요?"

만약 최대수가 있다면 제곱해서 2보다 작거나 같은 양의 유리수에서 찾아봐야겠지요. 제곱해서 2가 되는 수를 찾아볼까요?

"어, 그건 $\sqrt{2}$잖아요. 근데 $\sqrt{2}$는 무리수니까 집합 A의 원소가 될 수 없는 걸요."

그럼 $\sqrt{2}$1.41421296……보다 작은 유리수 중에 최대수를 찾아야 하는데 1.4, 1.41, 1.414, 1.4142, 1.41421, …… 이런 식으로 계속 찾다 보면 찾을 수 있을까요?

"아니요. $\sqrt{2}$는 무리수라서 무한소수가 되잖아요. 결국 A 집합은 최대수가 없겠네요. 그럼 B 집합에도 최소수가 없나요?"

역시 제곱해서 2보다 큰 양의 유리수 중에서 제일 작은 수를 찾기는 쉽지 않겠지요. 결국 $\sqrt{2}$보다 큰 수 중에서 가장 작은 수를 찾아야 하는데, 1.5, 1.42, 1.415, 1.4143, …… 이런 식으로 계속 찾아도 끝이 없을 테니까요.

"결국 (3)처럼 집합 A, B가 최대수와 최소수가 각각 없는 경우가 되었네요."

그렇습니다. 좀 더 쉽게 표현하면 유리수의 집합을 칼로 예리하게 잘랐을 때 (1)의 경우는 칼날에 집합 A의 최대수 a가 닿은 경우이고, (3)의 경우는 칼날에 어떤 유리수도 닿지 않은 경우랍니다. 자, 그럼 (1) 또는 (3)의 경우와 같은 데데킨트 절단으로 어떻게 실수를 정의할 수 있는지 알아보도록 하지요. 여러분, (1)을 만족하는 어떤 데데킨트 절단이 있을 때, 이 절단을 가장 잘 설명해 주는 수는 누구일까요?

"글쎄요. 잘 모르겠는데요."

그 질문이 좀 어려우면 구체적으로 위에서 (1)의 예로 들었던 '집합 A를 1보다 작거나 같은 유리수, 집합 B를 1보다 큰 유리수'라 하는 데데킨트 절단을 떠올려 봅시다. 이 절단과 가장 관련이 높은 수는 누구일까요?

"글쎄요. 아마도 1이겠지요."

맞습니다. 이 절단을 가장 잘 설명해 주는 수는 집합 A와 집합 B의 절단 부위와 관련한 1이 되겠지요. 그리고 1은 이 절단에서 집합 A의 최대수이기도 하고요. 이처럼 (1)을 만족하는 데데킨트 절단을 가장 잘 설명해 주는 수는 바로 집합 A의 최대수 a랍니다. 그리고 이 수는 항상 유리수일까요, 무리수일까요?

"유리수로 된 집합 A의 최대수이니 당연히 유리수지요."

네, 그렇습니다. 이와 같은 방식으로 (1)의 조건을 만족하는 데데킨트 절단을 유리수로 약속할 수 있답니다. 결국 (1)의 조건을 만족시키는 절단 자체를 유리수라고 정의하는 거지요.

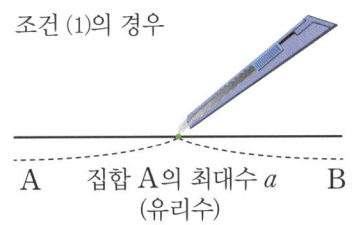

조건 (1)의 경우

A   집합 A의 최대수 a B
     (유리수)

"데데킨트 선생님, 데데킨트 절단은 두 집합 A, B로 이루어진 것인데 그걸 수로 받아들이라고요?"

조금 이상하게 느껴질 수 있지만 실수의 엄밀한 정의를 위해 받아들여야 하는 과정이랍니다. 또한 실제로 (1)의 조건을 만족하는 모든 데데킨트 절단은 모든 유리수와 일대일대응을 이루고 있지요.

"흠……. 그럼 (3)의 조건을 만족하는 데데킨트 절단은 혹시 무리수인가요?"

딩동댕~! 맞습니다. 혹시 앞에서 선생님이 (3)을 만족하는 데데킨트 절단의 예로 든 경우를 기억하시나요?

"제곱하면 2보다 작거나 같은 양의 유리수와 0, 음의 유리수를 합한 집합을 A, 제곱하면 2보다 큰 양의 유리수의 집합을 B라고 하셨어요. 그런데 이때 최대수와 최소수는 없었잖아요. 그런데도 이 절단을 수와 연결시킬 수 있나요?"

그래도 데데킨트 절단인 이상 분명히 두 집합 A, B가 나뉘는 절단 부위가 있겠지요. 바로 제곱해서 2가 되는 수가 그것인

데요. 이때, 제곱해서 2가 되는 수는 바로 무리수 $\sqrt{2}$지요. 이 예처럼 최대수, 최소수가 없는 (3)의 조건을 만족시키는 데데킨트 절단은 그 경곗값이 무리수와 관련되어 있기 때문에 무리수로 정의한답니다.

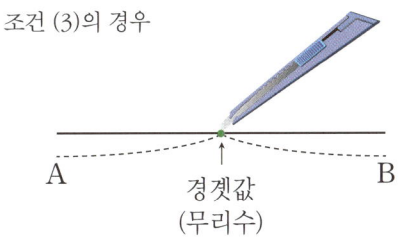

조건 (3)의 경우

A   경곗값 (무리수)   B

"결국 (1)의 조건을 만족시키는 데데킨트 절단을 유리수, (3)의 조건을 만족시키는 데데킨트 절단을 무리수라고 정의했으니 실수를 정의한 것이 되는군요."

그렇지요. 실수의 정의는 이와 같이 실수 고유의 성질인 완비성연속성에서 착안한 데데킨트 절단으로 완성되었답니다. 유리수 전체를 데데킨트 절단을 만족하는 두 집합 A, B로 다양하게 나누고 그 결과에 각각의 유리수와 무리수, 즉 실수를 대응시킨 것이지요.

"정말 실수를 엄밀하게 정의한다는 것은 쉬운 게 아니군요. 19세기에 와서야 가능했던 이유가 있었네요."

워낙 내용이 생소한 데다가 어렵기도 해서 더 그랬을 겁니다. 네 번째 수업에 이어 다섯 번째 수업까지 여러분을 너무 힘들게 해서 미안하네요. 오늘은 푹 쉬고 다음 시간에 가벼운 마음으로 다시 보도록 하지요. 모두 수고했어요.

수업정리

❶ 18세기 미적분학의 급속한 발전은 상대적으로 수학적 엄밀성에 소홀해지는 결과를 낳았습니다.

❷ 미적분학의 수학적 엄밀성을 뒷받침하기 위해 실수에 대한 엄밀한 정의가 필요하게 됩니다.

❸ 수학자 데데킨트는 실수의 완비성을 이용한 데데킨트 절단으로 실수에 대한 엄밀한 수학적 정의를 내리게 되었습니다.

❹ 데데킨트 절단은 전체 유리수 집합 Q를 다음 조건을 만족하는 서로소인 2개의 집합 A, B로 절단하는 것을 말합니다.
(i) A와 B는 공집합이 아니고,
(ii) $A \cup B = Q$이고,
(iii) A의 원소는 어느 것이나 B의 원소보다 작아야 합니다.

❺ 데데킨트 절단에 따라 나누어지는 집합을 다음과 같은 네 가지 경우로 나눌 수 있는데

① A에 최대수가 있고, B에 최소수가 없는 경우

② A에 최대수가 없고, B에 최소수가 있는 경우

③ A에 최대수가 없고, B에 최소수가 없는 경우

④ A에 최대수가 있고, B에 최소수가 있는 경우

이 중 ①의 경우는 유리수와, ③의 경우는 무리수와 일대일대응시켜 실수를 정의할 수 있습니다.

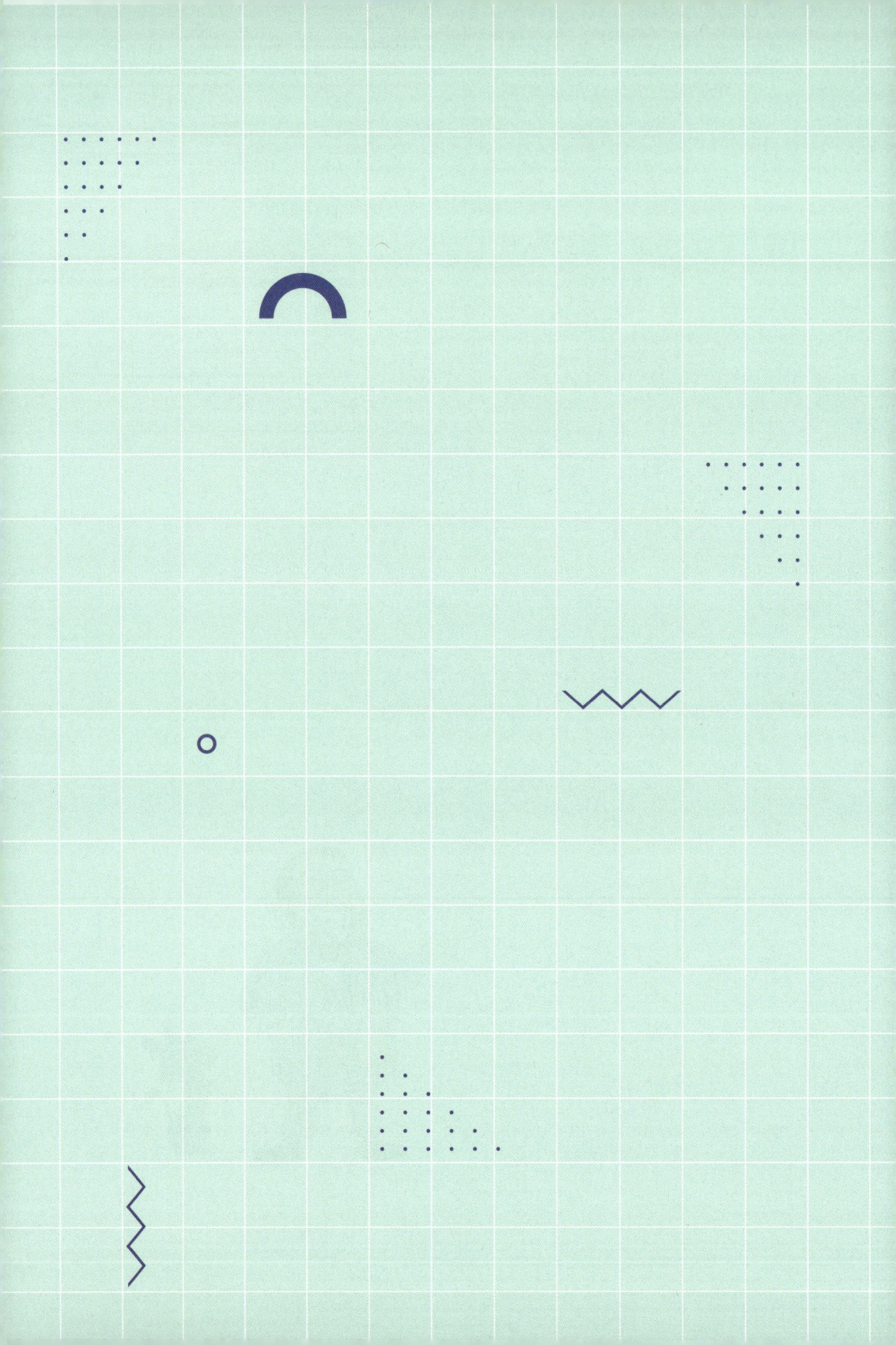

6교시

수의 분류와 확장

연산에 대하여 '닫혀 있다'라는 개념과 항등원, 역원에 대해 알아봅니다.

수업 목표

1. 연산에 대하여 '닫혀 있다'는 뜻과 사칙 연산에 대하여 닫혀 있는 수의 집합을 말할 수 있습니다.
2. 주어진 집합의 항등원과 역원을 말할 수 있습니다.

미리 알면 좋아요

유리수의 사칙 연산

① 유리수의 덧셈, 뺄셈은 분모를 통분한 뒤 계산합니다.

(예) i) $\dfrac{2}{3}+\dfrac{1}{5}=\dfrac{10}{15}+\dfrac{3}{15}=\dfrac{13}{15}$

ii) $\dfrac{4}{3}-\dfrac{3}{2}=\dfrac{8}{6}-\dfrac{9}{6}=-\dfrac{1}{6}$

② 유리수의 곱셈은 분모는 분모끼리, 분자는 분자끼리 곱하여 계산합니다.

(예) $\dfrac{4}{5}\times\dfrac{7}{6}=\dfrac{28}{30}=\dfrac{14}{15}$

③ 유리수의 나눗셈은 역수를 이용하여 나눗셈을 곱셈으로 고친 뒤 계산합니다.

(예) $\dfrac{3}{4}\div\dfrac{5}{6}=\dfrac{3}{4}\times\dfrac{6}{5}=\dfrac{18}{20}=\dfrac{9}{10}$

데데킨트의
여섯 번째 수업

 오늘은 《실수 2 이야기》의 마지막 수업입니다. 《실수 1 이야기》에서 여러분을 처음 만났던 게 엊그제 같은데 벌써 마지막이라니 세월이 참 빠르네요.
 "데데킨트 선생님, 오늘이 마지막이라니 너무 아쉬워요. 그런데 마지막을 기념하는 의미로 오늘은 수업보다는 즐겁게 놀아야 하지 않을까요?"
 하하하, 그럴 수는 없고요. 오늘은 마지막을 기념하는 의미로 그동안 배운 수의 종류에 대해서 다시 확인해 보고, 그 성질과 특징을 살펴보는 시간을 갖도록 하지요.

"어, 지금까지 배운 수의 종류라면 《실수 1 이야기》에서 배웠잖아요. 수의 종류에는 자연수, 정수, 유리수, 무리수, 실수 이렇게 여러 가지 종류가 있는 것, 맞지요?"

아주 잘 기억하고 있네요. 훌륭합니다. 여러분이 이미 알고 있는 수의 종류를 다시 한번 표로 정리하면 다음과 같답니다.

$$\text{실수} \begin{cases} \text{유리수} \begin{cases} \text{정수} \begin{cases} \text{양의 정수}_{\text{자연수}} : 1, 2, 3, \cdots\cdots \\ 0 \\ \text{음의 정수} : -1, -2, -3, \cdots\cdots \end{cases} \\ \text{정수가 아닌 유리수} \begin{cases} \text{유한소수} : \frac{1}{5}, 0.27, \cdots\cdots \\ \text{순환소수} : \frac{2}{3}, 0.\dot{4}, \cdots\cdots \end{cases} \end{cases} \\ \text{무리수}_{\text{순환하지 않는 무한소수}} : \pi, -\sqrt{5}, \sqrt{\frac{2}{3}}, \cdots\cdots \end{cases}$$

"우아, 그럼 오늘 수업은 끝인가요? 안녕히 계세요, 데데킨트 선생님."

어허, 동작 그만! 아까도 말했지만 오늘은 수의 종류에 따른 성질과 특징을 정리해 보기로 했지요. 유종의 미를 거두기 위해서라도 오늘은 더 열심히 해야 하지 않을까요? 자, 여러분이 알고 있는 수의 특징을 말해 보세요. 어떤 것들이 있나요?

"음, 자연수는 제일 작은 자연수가 존재해요. 바로 1이지요. 근데 정수나 유리수, 무리수, 실수는 그렇지 않잖아요. 그리고 자연수는 1을 간격으로 이루어져 있고요. 아, 그것은 정수도 마찬가지네요."

오, 아주 좋은 지적이군요. 특히 마지막에 자연수와 정수는

1을 간격으로 이루어져 있기 때문에 무한히 많음에도 불구하고 어떤 성질을 만족하지 못했지요?

"조밀성을 만족하지 못했어요. 그에 비해 유리수와 무리수, 실수는 조밀성을 만족했지요. 조밀성은 정말 엄격한 조건을 만족해야 했던 게 생각나요."

그렇지요. 그럼 마지막으로 실수만이 가지고 있던 성질도 확인해 볼까요?

"당연히 실수는 완비성, 다른 말로 연속성을 가지고 있어요. 수직선 위의 점과 모든 실수를 대응시키면 수직선 위에는 전혀 빈틈이 없으니까요. 하지만 유리수와 무리수는 빈틈이 뿅뿅 무한히 많이 나 있고요."

오, 이렇게 훌륭하게 대답을 하다니 정말 열심히 공부했군요. 선생님으로서 매우 기쁘답니다. 자, 그럼 이제부터 수의 연산에서 '닫혀 있다'라는 조금 생소한 개념을 알아보려고 하는데요. 잠시 여러분이 초등학교 1학년 또는 2학년 학생이라고 생각해 봅시다. 그때는 자연수밖에 모르던 시절이었지요. 혹시 기억이 나나요?

"맞아요. 처음에는 자연수밖에 몰랐어요. 나중에야 분수도 배우고 정수도 배웠지만 말이에요."

그렇습니다. 그럼 자연수밖에 모르는 초등학생이 다음과 같은 문제를 풀 수 있을까요?

(1) $3+1$ (2) $6-4$ (3) 2×3 (4) $9\div 3$

"초등학생이라도 덧셈, 뺄셈, 곱셈, 나눗셈만 할 줄 안다면 풀 수 있을 것 같은데요. 풀어 보면 답이 4, 2, 6, 3이 나와요."

그럼 다음과 같은 문제를 자연수밖에 모르는 초등학생에게 내면 어떨까요?

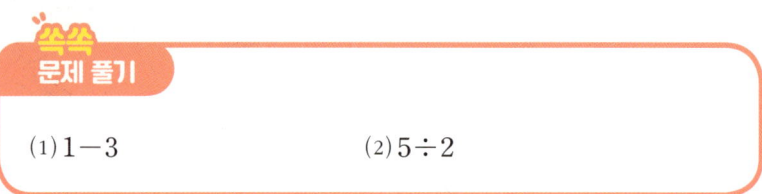

(1) $1-3$ (2) $5 \div 2$

"자연수만 알고 정수와 분수는 아직 모르니까 답을 구할 수 없잖아요. 그러니까 답이 아예 없다고 생각할 것 같아요. 아니면 문제가 이상하다고 생각할 수도 있고요."

그렇습니다. 이 문제를 중학생이 푼다면 답이 $-2, \frac{5}{2}$로 나오겠지만 자연수밖에 모르는 초등학생이라면 답은 없다고 생각하겠지요. 여기서 바로 닫혀 있다라는 개념을 설명할 수 있는데요. 자연수 집합에서 두 원소, 즉 두 자연수를 더하면 위에서처럼 그 결과는 항상 자연수가 됩니다. 이 경우 자연수는 덧셈이라는 연산에 대해서 '닫혀 있다'라고 표현할 수 있습니다. 그런데 자연수 집합에서 두 원소를 빼면 $6-4$와 같이 그 결과가 자연수가 되기도 하지만 1-3과 같이 그 결과가 음의 정수 또는 0이 되기도 하지요. 이때, 자연수는 뺄셈이라는 연산에 대해서 '닫혀 있지 않다'라고 표현한답니다. 그렇기 때문에 자연수만 알고 있는 초등학생에게 자연수의 뺄셈 문제를 낼 때는 주의해야겠지요. 자연수는 뺄셈에 대하여 닫혀 있지 않기 때문에 답이 음의 정수가 될 수도 있으니까요.

"아, 그러니까 '닫혀 있다'라는 개념은 자연수에 대해서 덧셈, 뺄셈을 했을 때 적용되는 건가요?"

물론 그 경우도 맞지만, 자연수뿐만 아니라 정수, 유리수 등 모든 수의 집합에 대해서도 적용할 수 있답니다. 또 덧셈, 뺄셈뿐만 아니라 곱셈, 나눗셈 등 다양한 연산에 대해서도 적용할 수 있어요. 쉬운 예로 자연수와 덧셈, 뺄셈을 들었을 뿐이에요.

"아, 그러면 자연수에 대해서 덧셈, 뺄셈 말고 곱셈, 나눗셈에 대해서도 생각해 볼 수 있겠네요."

그렇습니다. 여러분이 한번 생각해 보세요. 자연수 집합에서 2개의 자연수를 아무렇게나 골라서 곱하거나 나누면 결과가 항상 자연수가 될지 안 될지 천천히 생각해 보면 되겠지요?

그럼 '닫혀 있다'라는 개념을 좀 더 일반적으로 나타내 볼까요?

연산에 대하여 '닫혀 있다'는 뜻

a, b를 수의 집합 A의 임의의 원소라고 할 때, 다음과 같이 말합니다.

$a+b \in A$이면 A는 덧셈에 대하여 닫혀 있다.
$a-b \in A$이면 A는 뺄셈에 대하여 닫혀 있다.
$a \times b \in A$이면 A는 곱셈에 대하여 닫혀 있다.
$a \div b \in A$(단, $b \neq 0$)이면 A는 나눗셈에 대하여 닫혀 있다.

"자연수끼리 곱하면 항상 자연수가 나올 것 같긴 해요. 그런데 나눗셈은 아까 앞에서처럼 $9 \div 3 = 3$으로 괜찮지만 $5 \div 2 = \frac{5}{2}$처럼 유리수가 나오기도 하니까 안 되겠지요. 결론은 자연수 집합은 곱셈에 대해서는 닫혀 있지만 나눗셈에 대해서는 닫혀 있지 않다! 맞나요?"

잘 알아냈군요. 그런 식으로 정수, 유리수, 무리수, 실수의 집합에서도 사칙 연산 $+, -, \times, \div$에 대하여 닫혀 있는지를 생각해 볼 수 있답니다.

"우아, 그 많은 경우를 다 따져 본다고요?"

 천천히 따지다 보면 익숙해지고, '닫혀 있다'라는 개념을 더 확실히 알 수 있을 겁니다. 한번 도전해 보도록 하지요.

 "알겠어요, 데데킨트 선생님. 그럼 정수부터 해 볼게요. 정수끼리 더하면 항상 정수가 나오고, 빼도 항상 정수가 나오니까 정수는 덧셈, 뺄셈에 대해서 닫혀 있어요. 그리고 정수끼리 곱해도 항상 정수가 나오니까 곱셈에 대해서도 닫혀 있고요. 그런데 정수끼리 나누어 보면 경우에 따라 분수가 나올 수 있잖아요. 아까 $5 \div 2 = \frac{5}{2}$ 같은 경우도 그렇고, $(-5) \div 3 = -\frac{5}{3}$ 같은 경우도 그렇고요. 그럼 정수는 나눗셈을 제외한 나머지 덧셈, 뺄셈, 곱셈에 대해서는 닫혀 있겠네요?"

'닫혀 있다'라는 개념을 잘 이해한 것 같네요. 아주 잘했어요. 그럼 유리수는 어떨까요?

"으음, 유리수는 좀 더 복잡한 것 같은데……. 먼저 유리수끼리 더해도 유리수가 나올 것 같아요. 빼도, 곱해도, 나누어도 마찬가지일 것 같고. 그런데 확실히는 잘 모르겠어요, 선생님."

여러분 생각이 맞답니다. 유리수는 사칙 연산에 대해 모두 닫혀 있지요. 좀 더 확실히 확인하고 싶으면 다음과 같이 임의의 유리수를 선택해서 직접 연산을 한번 해 보도록 하지요.

임의의 두 유리수를 각각 $\frac{a}{b}, \frac{c}{d}$라 하고(단, a, b, c, d는 정수, $b \neq 0, d \neq 0$)

더하면 $\frac{a}{b} + \frac{c}{d} = \frac{ad}{bd} + \frac{bc}{bd} = \frac{ad+bc}{bd}$

빼면 $\frac{a}{b} - \frac{c}{d} = \frac{ad}{bd} - \frac{bc}{bd} = \frac{ad-bc}{bd}$

곱하면 $\frac{a}{b} \times \frac{c}{d} = \frac{ac}{bd}$

나누면 $\frac{a}{b} \div \frac{c}{d} = \frac{a}{b} \times \frac{d}{c} = \frac{ad}{bc}$

어때요? 유리수끼리 사칙 연산을 한 결과 모두 분수가 되는 것이 보이지요?

"진짜 그렇네요. 그럼 이제 무리수 차례인데, 무리수는 유리수보다도 더 어려운걸요. 그냥 제 생각에는 무리수끼리 더하면 결과도 왠지 무리수일 것 같고, 무리수끼리 빼도, 곱하거나 나누어도 왠지 무리수일 것 같은데, 아닌가요?"

무리수는 확실히 어려운 편이지요? 아쉽게도 전부 반대랍니다. 무리수는 사칙 연산에 대하여 모두 닫혀 있지 않지요.

"어, 이상하다. $\sqrt{2}+\sqrt{2}=2\sqrt{2}$처럼 무리수끼리 더하면 무리수가 나오잖아요. 그럼 덧셈에 대해 닫혀 있는 것 아닌가요?"

무리수가 덧셈에 대해 닫혀 있으려면 $\sqrt{2}+\sqrt{2}=2\sqrt{2}$뿐만 아니라 어떤 무리수끼리 더하더라도 항상 무리수가 나와야 해요. 기억하지요?

"네. 무리수 집합에서 임의의 두 수를 선택해서 더해도 무리수가 나와야 하니까, 결국 어떤 무리수를 선택하더라도 결과가 항상 무리수가 되어야 한다는 의미지요."

맞아요. 그런데 $\sqrt{2}$와 $-\sqrt{2}$를 더하면 어떻게 되겠어요? $\sqrt{2}+(-\sqrt{2})=\sqrt{2}-\sqrt{2}=0$으로 결과가 유리수가 되지요. 이

런 경우가 하나라도 있으면 무리수는 덧셈에 대하여 닫혀 있지 않게 됩니다. 뺄셈에서도 $\sqrt{2}-\sqrt{2}=0$과 같이 같은 두 무리수 $\sqrt{2}$끼리 빼보면 유리수 0이 되므로 닫혀 있지 않지요. 곱셈에서도 $\sqrt{2}\times\sqrt{2}=2$와 같은 경우가 생길 수 있고, 나눗셈의 경우도 $\sqrt{2}\div\sqrt{2}=1$과 같은 경우가 있으므로 결국 무리수는 사칙 연산에 대해서 모두 닫혀 있지 않답니다. 이런 경우를 반례라고 하지요.

"그렇군요. 다음부터는 무리수끼리 사칙 연산을 해서 무리수가 나오지 않는 경우가 한 가지라도 생길 수 있는지 잘 생각해 봐야겠어요."

마지막으로 실수에 대해서도 생각해 보도록 할까요? 실수 집합에서는 두 실수끼리 더해도, 빼도, 곱해도, 나누어도 결과가 항상 실수가 된답니다. 그렇기 때문에 실수는 사칙 연산에 대해서 모두 닫혀 있다는 것을 알 수 있지요. 지금까지 다룬 '닫혀 있다'라는 내용을 표로 간단히 정리하면 다음과 같습니다.

집합＼연산	덧셈	뺄셈	곱셈	나눗셈
자연수	○	×	○	×
정수	○	○	○	×
유리수	○	○	○	○
무리수	×	×	×	×
실수	○	○	○	○

"데데킨트 선생님, 이제 저도 '닫혀 있다'라는 개념이 슬슬 익숙해지는 것 같아요."

다행이군요. 그럼 여세를 몰아 이번에는 연산의 기본 법칙에 대해 알아보도록 할까요?

"연산이라면 사칙연산을 모두 말씀하시는 건가요?"

그렇지는 않습니다. 여기에서 연산은 덧셈과 곱셈에 대하여 주로 생각해 볼 텐데요. 먼저 실수 전체의 집합 R은 덧셈, 곱셈에 대하여 다음 기본 법칙이 성립한다는 것을 확인해 보지요.

> **Tip 기본 법칙**
>
> (1) 교환법칙 $a+b=b+a, a\times b=b\times a$
> (2) 결합법칙 $(a+b)+c=a+(b+c), (a\times b)\times c=a\times(b\times c)$
> (3) 분배법칙 $a\times(b+c)=a\times b+a\times c,$
> $(b+c)\times a=b\times a+c\times a$

여기에서 교환법칙은 임의의 두 실수를 더하거나 곱할 때 두 수의 위치를 바꾸어 계산해도 결과가 같다는 것입니다. 예를 들면 $3+5=5+3, 2\times 8=8\times 2$와 같은 경우를 말하는 것이지요. 또 결합법칙은 3개의 수를 합하거나 곱할 때, 앞의 2개의 수를 먼저 계산하든지 뒤의 2개의 수를 먼저 계산하든지 그 결과가 같다는 것이지요. $(4+5)+2=4+5+2=4+(5+2)$와 같은 경우처럼 말입니다. 마지막으로 분배법칙은 두 수 b, c의 합에 a를 곱하는 것과 두 수 b, c에 각각 a를 곱하여 두 수를 더하는 것은 같다는 것입니다. 예를 들어 $4\times(2+5)=4\times2+4\times5$ 처럼 계산할 수 있는 것이지요.

"어, 데데킨트 선생님. 그런 건 굉장히 당연하게 생각되는 내용인데 꼭 법칙으로 이렇게 정리해야만 하나요?"

지난번에도 말했지만 수학은 기본적으로 한 단계 한 단계를 모두 엄밀하게, 논리적으로 쌓아 나가는 특성이 있기 때문에 직관적으로 당연하게 생각되는 내용도 일일이 논리적으로 확인하고 점검하는 면이 있지요. 어떻게 생각하면 너무 깐깐하고 답답하다 싶지만, 그런 엄밀한 면이 수학이라는 탑을 무너지지 않게 하는 중요한 역할을 하니까요.

"뭐, 그렇다면 받아들여야지요. 그런데 연산의 기본 법칙은 이것으로 끝인가요?"

아직 항등원과 역원이라는 중요한 내용이 남아 있습니다.

"항등원과 역원이요? 이건 '닫혀 있다'라는 표현보다 왠지 더 어려울 것 같은데요."

너무 겁먹을 필요는 없습니다. '닫혀 있다'라는 개념이 이제 익숙한 만큼 항등원과 역원도 곧 익숙해질 거예요. 먼저 항등원恒等元의 한자를 풀이해 보면 '항상 같게 해 주는 원소'로 풀이

할 수 있습니다.

> **Tip 데데킨트 선생님의 한자 교실**
>
> 恒 ➡ 항상 항
> 等 ➡ 같을 등
> 元 ➡ 으뜸 원

"항상 같게 해 주는 원소라고요? 잘 이해가 안 가는데요?"

쉬운 예를 들면 3에 어떤 수를 더해야 결과가 3과 같아질까요?

"음, 3에 어떤 수를 더했는데도 똑같이 3이 되는 것은 좀 특이한 경우잖아요. 변하지 않았다는 거니까 0을 더해야 되겠지요?"

그렇습니다. 그런데 3뿐만이 아니라 2 또는 $-\frac{4}{3}$ 또는 $\sqrt{5}$ 같은 다양한 실수에 0을 더해 봐도 $2+0=2$, $-\frac{4}{3}+0=-\frac{4}{3}$, $\sqrt{5}+0=\sqrt{5}$처럼 같은 결과가 나옵니다. 이렇게 어떤 임의의 실수에다 더해도 그 결과가 처음 실수와 항상 같게 해 주는 역할을 하는 것이 바로 0입니다. 이러한 0을 덧셈에 대한 '항등원'이라고 하는 것이지요.

"그럼 곱셈에 대한 항등원은 곱해도 원래 수와 같은 결과가 나오게 하는 1이겠네요. $3 \times 1 = 3$, $-\frac{4}{3} \times 1 = -\frac{4}{3}$, $\sqrt{5} \times 1 = \sqrt{5}$ 처럼 어떤 실수에 1을 곱해도 같은 결과가 나오니까요."

맞습니다. 0을 덧셈에 대한 항등원, 1을 곱셈에 대한 항등원이라고 하는 것이지요.

"그럼 실수에서 덧셈에 대한 항등원은 0, 곱셈에 대한 항등원

은 1, 이렇게 딱 1개씩밖에 없겠네요?"

그렇습니다. 한 연산에 대한 항등원이 있다면 그것은 유일하거든요. 하지만 역원은 주어진 수마다 전부 다르답니다. 먼저, 역원逆元의 한자를 풀이해 보면 '뭔가 반대되는 원소'라는 의미를 갖고 있습니다.

> **Tip**
> 데데킨트 선생님의 한자 교실
>
> 逆 ➡ 반대할 역
> 元 ➡ 으뜸 원

예를 들어 살펴보면, 3의 덧셈에 대한 역원은 3에 어떤 수를 더하여 덧셈에 대한 항등원 0이 될 때, 이 어떤 수를 말합니다. $3+(-3)=0$이므로 덧셈에 대한 3의 역원은 -3이 되겠지요. $4+(-4)=0$이므로 4에 대한 역원은 -4이고, $(-5)+5=0$이므로 -5에 대한 역원은 5가 되겠지요. 물론 모두 덧셈에 대한 역원을 말한 것이고요. 그런데 이 여러 가지 덧셈에 대한 역원에서 뭔가 공통점이 보이지 않나요?

"글쎄요. 보니까 3은 -3, 4는 -4, -5는 5와 같이 역원은 모두 원래 수와 절댓값은 같고 부호는 반대인 수로 이루어져 있는데요?"

맞습니다. 그래서 이것을 일반화하면 임의의 실수 a의 덧셈에 대한 역원은 $-a$로 나타낼 수 있답니다.

"데데킨트 선생님, 덧셈에 대한 역원처럼 곱셈에 대한 역원을 생각해 보면 3의 역원은 3에 곱해서 항등원인 1이 나오게 하는 수 같은데, 맞나요? 그러면 $3 \times \frac{1}{3} = 1$이니까 $\frac{1}{3}$이 곱셈에 대한 3의 역원일 것 같은데요?"

맞습니다. 아주 잘 생각해 냈군요. 다른 예를 살펴보면 $\left(-\frac{3}{2}\right) \times \left(-\frac{2}{3}\right) = 1$이므로 곱셈에 대한 $-\frac{3}{2}$의 역원은 $-\frac{2}{3}$, $\frac{1}{6} \times 6 = 1$이므로 곱셈에 대한 $\frac{1}{6}$의 역원은 6인 것을 알 수 있지요.

"데데킨트 선생님, 곱셈에 대한 역원들을 살펴보면 모두 원래 수와 역수 관계네요. 이것도 일반화해서 표현할 수 있나요?"

네, 그렇군요. 그럼 임의의 실수 a의 곱셈에 대한 역원은 a의 역수인 $\frac{1}{a}$로 나타낼 수 있겠군요. 단, $a \neq 0$이어야 합니다. 0에 어떤 수를 곱하더라도 1이 되지 않으므로 0은 곱셈에 대한 역원이 없는 유일한 실수거든요.

"아, 그렇군요. 항등원, 역원도 내용이 꽤 많네요. 슬슬 헷갈리기 시작해요."

그럼 지금까지 다룬 이러한 항등원, 역원과 관련한 내용을 정리해서 간략하게 나타내 보도록 하지요. 좀 도움이 될 거예요.

실수 전체의 집합 R의 임의의 원소 a에 대하여
(1) 덧셈에 대한 항등원 $0, a+0=0+a=a, 0 \in R$
(2) 곱셈에 대한 항등원 $1, a \times 1=1 \times a=a, 1 \in R$
(3) 덧셈에 대한 a의 역원 $-a$
 $a+(-a)=(-a)+a=0, -a \in R$
(4) 곱셈에 대한 a의 역원 $\frac{1}{a}$
 $a \times \frac{1}{a}=\frac{1}{a} \times a=1(a \neq 0), \frac{1}{a} \in R$

"데데킨트 선생님, 그런데 덧셈과 곱셈에 대한 항등원과 역원은 항상 실수 집합에서만 생각해야 하나요?"

그렇지는 않습니다. 다른 수의 집합에서도 충분히 생각해 볼 수 있지요. 하지만 주의할 필요는 있답니다. 예를 들어 자연수 집합에서 덧셈과 곱셈에 대한 항등원을 생각해 보세요.

"자연수 집합에서도 덧셈에 대한 항등원은 0, 곱셈에 대한 항등원은 1 아닌가요? 항등원은 변하지 않잖아요."

물론 어떤 집합이 어떤 연산에 대하여 항등원이 있다면 변하지 않겠지만 문제는 항등원이 아예 없을 수도 있다는 점이에요. 방금 말한 덧셈에 대한 항등원 0은 자연수 집합의 원소가 아니기 때문에 자연수 집합은 덧셈에 대한 항등원을 가지고 있지 않다고 본답니다. 또 항등원이 없으면 역원도 역시 없게 되지요.

"그렇군요. 하지만 곱셈에 대한 항등원 1은 자연수의 원소니까 자연수 집합은 곱셈에 대한 항등원이 있는 거지요?"

그렇지요. 그럼 곱셈에 대한 항등원이 있으니까 역원도 생각해 볼까요? 예를 들어 자연수 집합에서 4에 대한 곱셈의 역원은 어떻게 되지요?

"음, 4의 곱셈에 대한 역원은 4의 역수인 $\frac{1}{4}$ 아닌가요? 어, 그런데 $\frac{1}{4}$은 역시 자연수가 아닌데 어떻게 하죠?"

역시 역원이 자연수 집합의 원소가 아니라면 자연수 집합에서 4에 대한 역원은 없게 된답니다.

"그렇군요. 그래서 항등원과 역원은 어떤 수의 집합에서 생각하느냐에 따라서 달라지는 것이군요. 그럼 덧셈에 대한 항등원 0이 정수니까 정수 집합은 덧셈에 대한 항등원이 있고, 정수

a의 덧셈에 대한 역원인 $-a$도 정수니까 역원도 존재하겠네요. 음, 그런데 곱셈에 대한 항등원 1도 정수니까 항등원은 있는데 자연수처럼 정수에서도 4에 대한 역원은 없겠네요. $\frac{1}{4}$ 역시 정수는 아니니까요."

그렇습니다. 하지만 유리수 집합은 덧셈, 곱셈에 대한 항등원도 존재하고 역원도 존재하지요. 물론 0의 곱셈에 대한 역원은 없지만요.

"데데킨트 선생님, 무리수도 역원이 있을 것 같아요. 무리수도 $\sqrt{3}+(-\sqrt{3})=0$처럼 $\sqrt{3}$에 대한 덧셈의 역원 $-\sqrt{3}$이 무리수니까요. 또 $\sqrt{3} \times \frac{1}{\sqrt{3}}=1$처럼 $\sqrt{3}$에 대한 곱셈의 역원 $\frac{1}{\sqrt{3}}=\frac{\sqrt{3}}{3}$도 무리수잖아요."

하지만 아쉽게도 어떤 임의의 무리수도 덧셈과 곱셈에 대한 역원은 없답니다. 왜냐하면 역원은 먼저 항등원이 존재할 때 생각할 수 있는 개념이기 때문이에요. 덧셈에 대한 항등원 0과 곱셈에 대한 항등원 1이 모두 유리수이기 때문에 무리수 집합은 항등원 자체가 없답니다. 그래서 역원을 아예 생각할 수가 없어요.

"아, 순서가 그렇게 되는구나. 항등원과 역원도 은근히 헷갈리네요. 데데킨트 선생님, 좀 더 확실하게 설명해 주세요."

먼저 덧셈에 대한 항등원이 있는 집합은 정수, 유리수, 실수 집합입니다. 물론 임의의 수에 대한 역원도 존재하고요. 하지만 자연수 집합은 덧셈에 대한 항등원이 없기 때문에 역원도 아예 생각할 수 없지요.

또 곱셈에 대한 항등원이 있는 집합은 자연수, 정수, 유리수, 실수 집합입니다. 하지만 유리수, 실수의 경우 0을 제외한 임의의 수에 대한 역원이 존재하지만, 자연수 집합의 경우 곱셈에

대한 역원이 있는 수는 1뿐이고, 정수 집합은 $-1, 1$뿐이지요.

"오, 그렇게 되는군요. 그럼 데데킨트 선생님, 이제 드디어 마지막 수업도 끝이 난 건가요?"

그래요. 이제 정말 여러분과 헤어져야 하는 시간이군요. 그동안 나 데데킨트의 실수 이야기를 함께 하느라 모두 수고 많았습니다. 호기심을 가지고 열심히 들어 줬던 여러분에게 참 고맙다는 말을 하고 싶네요. 우리가 같이 했던 실수 이야기가 여러분에게 즐거운 기억으로 남길 바랍니다. 그럼 여러분, 안녕~!

"데데킨트 선생님도 안녕히 가세요~!"

수업정리

❶ a, b를 수의 집합 A의 임의의 원소라고 할 때, 다음과 같이 말합니다.

① $a+b \in A$이면 A는 덧셈에 대하여 닫혀 있다.

② $a-b \in A$이면 A는 뺄셈에 대하여 닫혀 있다.

③ $a \times b \in A$이면 A는 곱셈에 대하여 닫혀 있다.

④ $a \div b \in A$(단, $b \neq 0$)이면 A는 나눗셈에 대하여 닫혀 있다.

(예) i) 어떤 자연수끼리 더하더라도 자연수가 되므로, 자연수 집합은 덧셈에 대하여 닫혀 있습니다.

ii) 정수끼리 나누었을 때, $3 \div 5 = \dfrac{3}{5}$과 같이 그 결과가 정수가 되지 못하는 경우가 있으므로 정수 집합은 나눗셈에 대하여 닫혀 있지 않습니다.

❷ 실수 전체의 집합 R의 임의의 원소 a에 대하여

① 덧셈에 대한 항등원 0 $a+0=0+a=a, 0 \in R$

② 곱셈에 대한 항등원 1 $a \times 1 = 1 \times a = a, 1 \in R$

③ 덧셈에 대한 a의 역원 $-a$
   $a+(-a)=(-a)+a=0, -a \in R$

④ 곱셈에 대한 a의 역원 $\dfrac{1}{a}$

$a \times \dfrac{1}{a} = \dfrac{1}{a} \times a = 1 (a \neq 0), \dfrac{1}{a} \in \mathrm{R}$

㉠ i) 정수, 유리수, 실수 집합은 덧셈에 대한 항등원과 역원이 존재합니다. 하지만 자연수 집합은 덧셈에 대한 항등원이 없기 때문에 역원도 없습니다.

ii) 유리수, 실수 집합은 곱셈에 대한 항등원과 역원(단, 0은 제외)이 존재합니다. 자연수, 정수 집합은 곱셈에 대한 항등원은 존재하지만, 곱셈에 대한 역원이 있는 수는 자연수 집합의 경우 1뿐이고, 정수 집합은 −1과 1뿐입니다.